FRANCISCO LÓPEZ MERINO

Secretario de Administración Local,
Abogado, Dr. en Ciencias Políticas

LAS CERTIFICACIONES DOCUMENTALES DE LOS SECRETARIOS DE LAS ENTIDADES LOCALES

VALLADOLID, 2021

Segunda revisión, 2021.

ABREVIATURAS UTILIZADAS

–AA: Actualidad Administrativa.

–LBRL: Ley 7/1985, de 2 de abril, reguladora de las Bases de Régimen Local.

–LEC: Ley 1/2000, de 7 de enero, de Enjuiciamiento Civil.

–LH: Decreto de 8 de febrero de 1946 por el que se aprueba la nueva redacción oficial de la Ley Hipotecaria.

–LOPJ: Ley Orgánica 6/1985, de 1 de julio, del Poder Judicial.

–LPA: Ley de 17 de julio de 1958, de Procedimiento Administrativo.

–LPAC: Ley 39/2015, de 1 de octubre, del Procedimiento Administrativo Común de las Administraciones Públicas.

–LPAP: Ley 33/2003, de 3 de noviembre, del Patrimonio de las Administraciones Públicas. Texto consolidado.

–LRJ: Ley de 20 de julio de 1957 sobre Régimen Jurídico de la Administración del Estado.

–LRJSP: Ley 40/2015, de 1 de octubre, de Régimen Jurídico del Sector Público.

–LRJPAC: Ley 30/1992, de 26 de noviembre, de Régimen Jurídico de las Administraciones Públicas y del Procedimiento Administrativo Común, modificada por Ley 4/1999, de 13 de enero (derogada)

–LRSAL: Ley 27/2013, de 27 de diciembre, de racionalización y sostenibilidad de la Administración Local.

–LSEC: Ley 6/2020, de 11 de noviembre, reguladora de determinados aspectos de los servicios electrónicos de confianza.

–RDFHN: Real Decreto 128/2018, de 16 de marzo, por el que se regula el régimen jurídico de los funcionarios de Administración Local con habilitación de carácter nacional. Deroga al Real Decreto 1174/1987, de 18 de septiembre.

–RDN: Revista de Derecho Notarial.

–REALA: Revista de Administración Local y Autonómica

–REDA: Revistas Española de Derecho Administrativo.

–REVL: Revista de Estudios de la Vida Local.

–RBEL: Reglamento de Bienes de las Entidades Locales, aprobado por Real Decreto 1372/1986, de 13 de junio.

–RH: Decreto de 14 de febrero de 1947 por el que se aprueba el Reglamento Hipotecario.

–ROF: Reglamento de Organización, Funcionamiento y Régimen Jurídico de las Entidades Locales, aprobado por Real Decreto 2568/1986, de 28 de noviembre. Sobre la posición ordinamental de sus preceptos, en relación con los reglamentos orgánicos de las entidades y las normas de las Comunidades Autónomas, debe tenerse en cuenta la Resolución de la Dirección General de Administración Local de 27 de enero de 1987.

–RPDT: Reglamento de Población y Demarcación Territorial de las Entidades Locales aprobado por Real Decreto 1690/1986, de 11 de julio.

–RRM: Reglamento del Registro Mercantil, aprobado por Real Decreto 1784/1996, de 19 de julio.

–RSCL: Reglamento de Servicios de las Corporaciones locales, aprobado por Decreto de 17 de junio de 1955.

–RUE-910/2014: Reglamento (UE) 910/2014 del Parlamento Europeo y del Consejo de 23 de julio de 2014 relativo a la identificación electrónica y a los servicios de confianza para las transacciones electrónicas en el mercado interior y por el que se deroga la Directiva 1999/93/CE.

–TRLRHL: Real Decreto Legislativo 2/2004, de 5 de marzo, por el que se aprueba el texto refundido de la Ley Reguladora de las Haciendas Locales.

–TRLSC: Texto refundido de la Ley de Sociedades de Capital, aprobado por Real Decreto Legislativo 1/2010, de 2 de julio.

–TRRL: Texto Refundido de las disposiciones legales vigentes en materia de Régimen Local, aprobado por Real Decreto Legislativo 781/1986, de 18 de abril, modificado por ley 29/1988, Ley 10/1993, Real Decreto Legislativo 2/1994, Ley 42/1994, Ley 4/1996, Ley 53/2002 y Ley 62/2003.

I. INTRODUCCIÓN

Entre los actos instrumentales, a los que nos hemos referido en otras ocasiones[1], figuran las certificaciones, que tienen rasgos peculiares, tanto por su función como por su estructura.

En los entes locales, certificar y expedir certificaciones de actos, resoluciones, acuerdos, libros, documentos y antecedentes (artículos 204 ROF y 3.2.f) RDFHN) forma parte de la fe pública atribuida a la *Secretaría,* necesaria en todas las Corporaciones locales, cuya responsabilidad administrativa está reservada a funcionarios con habilitación de carácter nacional (artículos 92 bis 1.a) LBRL[2] y 2.1.a) y 2.2 RDFHN).

Consecuentemente, en todas las Entidades locales existe, por regla general, un puesto de trabajo, la *Secretaría,* que tiene asignadas dichas funciones (artículo 7 RDFHN)), y cuyo desempeño corresponde al *secretario* de la entidad, que ha de ser secretario de categoría superior o de entrada, o Secretario-Interventor, según la clasificación del puesto de trabajo (art. 24 RDFHN).

En otro escrito hemos aludido a las certificaciones no documentales de actos y acuerdos expedidas por los

---

1 Ver del autor «Actos instrumentales», en *AA,* núm. 8 (2002), pp.230-231; «Naturaleza de los actos de certificación de los secretarios de las entidades locales relativos a sesiones y acuerdos», *REALA,* núms. 294-295 (2004), pp. 148-156; *El acto de certificación,* 2ª ed., Amazón, Valladolid, 2019.

2 El artículo 92 bis fue introducido por el número veinticinco del artículo primero de la Ley 27/2013, 27 diciembre, de racionalización y sostenibilidad de la Administración Local, al tiempo que derogaba la disposición adicional segunda de la Ley 7/2007, de 12 de abril, del Estatuto Básico del Empleado Público, cuya ley había derogado, a su vez, al artículo 92 de la Ley 7/1985.

secretarios de los entes locales antes de aprobarse el acta de la sesión[3]. Aunque muy escasas, no son las únicas de tal naturaleza que competen a dichos funcionarios. Baste citar las de autenticación de firmas prevista en el artículo 43 RPDT a propósito de la petición de la mayoría de los vecinos para la constitución de una nueva entidad local de ámbito territorial inferior al municipal.

Ahora nos referiremos sólo a las documentales, que son las que con carácter general regula el Reglamento de Organización, Funcionamiento y Régimen Jurídico de las Entidades Locales, aprobado por Real Decreto 2568/1986, de 28 de noviembre, en sus artículos 204 y 205, además de ser mencionadas en muchos otros preceptos.

No debemos olvidar que su fundamento es, unas veces, facilitar a quien la solicita, normalmente para efectos probatorios, el conocimiento fehaciente de un documento que no debe salir de las oficinas o archivos del ente local, y otras, dejar en el archivo fotocopia o copia autorizada de expedientes o documentos cuando salen por concurrir alguna de las causas señaladas (art. 171 ROF).

---

3 «La certificación no documental de acuerdos plenarios y el delito de falsedad», *REALA* núm. 283 (2000), pp. 575-594.

II. NOCIONES GENERALES SOBRE LAS CERTIFICACIONES

A. CONCEPTO Y FUNCIÓN

Nuestra doctrina administrativa ha prestado atención al concepto de certificación, a veces con motivo del estudio de la potestad certificante, pero sin profundizar en su naturaleza jurídica[4].

Para nosotros[5], la certificación, en sentido propio, es una modalidad del *acto de certificación,* consistente en una declaración de certeza, y por tanto *declaración de voluntad* del autor del acto *(declaración certificante),* de *carácter informativo,* cuyo *objeto inmediato o directo* lo constituye otra declaración suya de conocimiento, de juicio, o mixta de conocimiento y juicio *(declaración certificada),* y cuyo *objeto mediato o indirecto* es un hecho jurídico en sentido amplio, que constituye, además, el *objeto principal* de la certificación.

En cuanto *declaración de certeza* se vincula a la *dación de fe,* y siendo el ámbito que estudiamos el propio del Derecho público, la facultad de dar fe la referimos a la atribuida por el Estado, como función pública, de manera expresa, mediante ley. Se trata de una función pública concedida bien a funcionarios facultados para *dar fe de hechos y actos*

---

4 Puede verse al respecto T. R. FERNÁNDEZ RODRÍGUEZ, «La potestad certificante en la jurisprudencia», en *REDA,* núm 8 (1976), pp.146-153; J. A. GARCÍA-TREVIJANO FOS, *Los actos administrativos,* 1ª edición, Civitas, Madrid 1986, pp. 271-276, 309-311; J. E. MARTÍNEZ JIMÉNEZ, *La función certificante del Estado,* Madrid, 1977; M. MONTORO PUERTO, «Actos de certificación», en *REVL,* núm.162 (1969), pp. 206 y ss.; *Nueva Enciclopedia Jurídica,* voz «certificación», Seix, Barcelona, 1952, tomo IV, pp. 47-48.

5 Lo que decimos a continuación es una síntesis de ideas y conceptos que hemos expuesto en *El acto de certificación,* 2ª ed., Amazón Kindle Publishing, Valladolid, 2019.

jurídicos en general, con arreglo a su estatuto funcionarial, dentro del ámbito de las funciones a ellos reservadas, que por ello se denominan *funcionarios fedatarios* (secretarios de administración local, secretarios judiciales y notarios); o bien a funcionarios facultados expresamente por la ley *para realizar específicos actos de certificación,* por desempeñar puestos determinados (así, por ejemplo, cuando se faculta al secretario de un órgano colegiado para dar fe al levantar acta de sus reuniones o expedir certificaciones de los acuerdos adoptados, independientemente de quien sea el que desempeñe dicho cargo, abarcando incluso al funcionario en el sentido lato del término).

De lo anterior se deduce que hay dos formas de atribuir la función de dar fe:

a) atribución *genérica* de dar fe pública, o sea, concedida con carácter general, como función principal, a determinados agentes o titulares de puestos de trabajo, que adquieren por ello la condición de *fedatarios públicos,* la cual normalmente se atribuye a través de normas legales relativas a la función pública de que se trata, desarrolladas reglamentariamente;

b) atribución *específica* de dar fe pública, es decir, otorgada a quienes desempeñan determinadas funciones o puestos de trabajo, para dar fe en actuaciones concretas – normalmente levantar actas y expedir certificaciones–, cuyos titulares pertenecen a grupos, clases, escalas o cuerpos de funcionarios que no tienen reservada la función de dar fe, ni por lo tanto el carácter de fedatarios, supuesto en el que la atribución se realiza, por regla general, mediante normas con rango de ley reguladoras de la organización y funcionamiento de las instituciones y organismos de que se trate.

Ahora bien, si todo acto de certificación se caracteriza por la declaración de certeza, o sea, por dar fe o certificar, y, por lo tanto, también las certificaciones, éstas se diferencian de los restantes actos de certificación por su *carácter informativo*. El funcionario que da fe no sólo deja constancia certificada de un hecho o acto jurídico; también informa a otras personas de lo que consta en la certificación. Por consiguiente, la certificación es un acto de certificación que se propone *darlo a conocer a terceros;* a la función de certeza se ha sumado la función informativa, funciones instrumentales ambas del hecho o acto certificado. En suma, la función informativa caracteriza a las certificaciones con respecto a los demás actos de certificación.

Tanto la declaración de certeza como la función informativa tienen su expresión en la certificación, la primera mediante la palabra «certifico», normalmente con mayúsculas, en el encabezamiento, y la segunda, al final, con expresiones de este estilo: «para que conste ante...», o «para que así conste y surta los oportunos efectos, a petición de...».

B. ESTRUCTURA

Una peculiaridad de los actos de certificación –común a los instrumentales–, ya aludida, deriva de la dualidad de su objeto. La dación de fe, que es *declaración certificante,* recae directa e inmediatamente sobre otra declaración del propio autor, que es la *declaración certificada* y por ello objeto *directo o inmediato* del acto de certificación. Esta es una manifestación de conocimiento, de juicio, o mixta de conocimiento y juicio del autor del acto de certificación, la cual tiene, a su vez, por objeto un hecho o acto jurídico, que de modo *indirecto o mediato* es también objeto de la declaración certificante y, por consiguiente, de la certificación. Pero lo sorprendente es que ese hecho o acto jurídico, precisamente ese objeto indirecto o mediato de la certificación, dado el carácter instrumental de esta, constituye su *objeto principal*.

Por ejemplo, el médico que certifica sobre la buena salud de una persona, declara ser cierto (declaración certificante) que reconocida la persona X (objeto indirecto o mediato de la certificación, y también su objeto principal) a su leal saber y entender goza de buena salud (declaración certificada, de ciencia, objeto directo o inmediato de la certificación). En otras palabras, el médico certifica (declara cierta) su propia declaración de ciencia (objeto directo del certificado médico) acerca de la salud de una persona (objeto indirecto y principal del certificado médico).

Todo ello se refleja en el contenido de la certificación, debido a su autor: la *declaración de certeza o certificante* (autor, expresión de certeza, detalle de soporte en el que se formula, lugar, fecha y firma) y la *declaración certificada* (identificación del objeto principal, detalle de sus circunstancias relevantes y descripción o reproducción de los datos e información que obtiene de él).

En un lúcido análisis sobre la función notarial relativa a la documentación de hechos, GONZÁLEZ ENRÍQUEZ, en colaboración con MANRIQUE ROMERO Y MOLLEDA Y FERNÁNDEZ LLAMAZARES[6], siguiendo a Carnelutti y a Guidi, explica el contenido del documento basándose en la

---

6 GONZÁLEZ ENRÍQUEZ, en colaboración con MANRIQUE ROMERO Y MOLLEDA Y FERNÁNDEZ LLAMAZARES, «Comprobación notarial de hechos», *RDN* núm. LXIV, abril-junio 1969, pp. 273-389; para las citas textuales, por su orden, respectivamente pp. 295, 298.

afirmación del segundo de que el verdadero contenido del documento «es el hecho representativo, mientras que el hecho representado es solamente su contenido indirecto o mediato», si bien rompe con las tesis de la representación y afirma: «lo que, en el documento notarial, se contiene, tanto en las escrituras como en las actas, no es nunca una representación, sino una o varias declaraciones». Aseveración válida para cualquier clase de documento, a la que nos adherimos.

Aunque nos inclinamos a considerar que normalmente la declaración del fedatario sobre la que incide su dación de fe es de conocimiento –los autores la consideran un juicio– admitimos que en su percepción de los hechos y actos jurídicos hay muchos elementos de juicio, por lo que no es fácil separar juicio y conocimiento; de modo que lo más ajustado a la realidad quizás sería considerar tales declaraciones como mixtas de conocimiento y juicio. El ejemplo de los autores, sobre la percepción de una silla de madera, pone de relieve que la percepción del hecho, o más bien, la comprobación del hecho, que el notario realiza en fase extra-documental previa, con una triple actividad –percibirlo sensorialmente, interpretarlo y comprenderlo–, es un proceso a veces complejo, no una labor pasiva, pues exige facultades intelectivas y juicios para interpretarlos.

C. CLASIFICACIONES ÚTILES PARA NUESTRO PROPÓSITO

1. Por su autor y fuerza probatoria con arreglo a Ley de Enjuiciamiento Civil

De acuerdo con la Ley de Enjuiciamiento Civil, atendiendo al autor de la certificación, pueden distinguirse:

a) Las que en el ejercicio de sus funciones emiten los funcionarios públicos que tienen atribuida la función de dar fe de modo genérico –son los fedatarios, o sea, notarios, secretarios judiciales y secretarios de administración local– o de modo específico.

b) Las que producen funcionarios públicos en el ejercicio de sus funciones sin tener atribuida expresamente la función de dar fe.

c) Las debidas a empresas privadas, particulares y funcionarios públicos que no actúan en el ejercicio de sus funciones.

Las de los grupos a) se caracterizan por tener la condición de *documentos públicos notariales, mercantiles, judiciales o administrativos, comprendidos en los números 1.º a 6.º del artículo 317 de la Ley de Enjuiciamiento Civil,* con los efectos que les concede en su artículo 319.1, a saber: *«harán prueba plena* del hecho, acto o estado de cosas que documenten, de la fecha en que se produce esa documentación y de la identidad de los fedatarios y demás personas que, en su caso, intervengan en ella».

Las del grupo b) tienen, según la citada Ley de Enjuiciamiento Civil, la condición de *documentos públicos administrativos no comprendidos en los números 5.º y 6.º del artículo 317* (o sea, documentos administrativos de quienes no están facultados para dar fe). Con arreglo al artículo 319.2 de la propia ley, «la fuerza probatoria de los documentos administrativos a los que las leyes otorguen el carácter de públicos, será la que establezcan las leyes que les reconozca tal carácter. En defecto de disposición expresa en tales leyes, los hechos, actos o estados de cosas que consten en los referidos documentos se tendrán por ciertos, a los efectos de la sentencia que se dicte, salvo que otros medios de prueba desvirtúen la certeza de lo documentado».

Las del grupo c) tienen la condición de documentos privados (art. 324) con los efectos procesales que les reconoce la ley (art. 326).

Así pues, según dicha ley procesal hay dos clases de documentos administrativos y de certificaciones administrativas: los de los párrafos 5.º y 6.º de su artículo 317, correspondientes a funcionarios *facultados para dar fe,* y los no comprendidos en esos apartados porque el funcionario *no está facultado para dar fe.*

Las distinciones aludidas justifican, a nuestro juicio, el uso de diferentes denominaciones para unas y otras, porque el término *certificación* es ambiguo, al abarcar todos los supuestos aludidos. Por nuestra parte, en lo que sigue, para expresar la diferencia, emplearemos la voz *certificación* o *testimonio* para referirnos a las del grupo a), sean de secretarios de Administración local, secretarios judiciales o notarios, y la locución *certificación administrativa* para las del grupo b). Se corresponden, respectivamente, con la *copia certificada* y la *copia auténtica.*

2. Copias certificadas, copias auténticas y copias simples

La clasificación que acabamos de presentar tiene, con respecto a las certificaciones documentales, cierto paralelismo con la distinción entre *copias certificadas, copias auténticas de la LPAC.* Las primeras son las autorizadas por un funcionario público facultado expresamente para dar fe; las segundas las expide un funcionario público habilitado para ello, pero no expresamente para dar fe. Aparte de ellas están las *copias simples* de los particulares.

En las Administraciones Públicas, incluida la local, abundan las copias y otros documentos auténticos. Son los emitidos por funcionarios públicos en el ejercicio de sus funciones, o habilitados o autorizados expresamente para ello por la propia Administración. Actualmente, la Ley 30/2015, del Procedimiento Administrativo Común de las Administraciones Públicas les dedica sus artículos 26 y 27, respectivamente referidos a los documentos públicos administrativos y a las copias auténticas.

La diferencia procesal entre las copias certificadas y certificaciones, por un lado, y las copias auténticas y certificaciones administrativas, por otro, es la que existe, como hemos advertido antes, entre el documento público del artículo 317 LEC y el documento administrativo no comprendido en los números 5° y 6° de dicho artículo 317.

3. Positivas y negativas

La existencia o no de la información solicitada con relación al contenido del objeto principal da lugar a dos clases de declaración informativa, que se refleja en las certificaciones documentales:

a) *Positivas,* cuando la declaración certificada reproduce el contenido del documento, en todo o parte.

b) *Negativas,* si esa declaración certificada niega que figuren en el documento ciertos datos, informaciones o manifestaciones. No deben confundirse con las de inexistencia o no disponibilidad del objeto indirecto o principal (documento determinado), como veremos.

4. Totales y parciales, literales y no literales

Las documentales, con respecto al contenido del documento pueden clasificarse:

–Por su extensión: *totales* o *parciales.*

–Por la forma de la referencia o reproducción cuando su contenido es un escrito: *literales,* que reproducen de dicha forma el contenido del documento; no literales, cuando lo hacen sintéticamente, de forma *resumida* o en *extracto,* o facilitan *datos o detalles* concretos que figuran en él.

5. Documentales y no documentales

Atendiendo a la naturaleza de su objeto principal es posible clasificar las certificaciones en dos grandes grupos:

a) *Certificaciones documentales,* que toman como objeto mediato y principal un documento, que además es preexistente o preconstituido. En las diversas vertientes de la fe pública se conocen bajo denominaciones diferentes: copias y testimonios en lo notarial[7]; certificaciones en el ámbito mercantil; testimonios y certificaciones en los judicial, y certificaciones (o certificados) y copias certificadas en lo administrativo.

b) *Certificaciones no documentales* (certificados facultativos, de obras, etc.), que, por el contrario, abarcan

---

7 Entre estos habríamos de incluir los que P. ÁVILA ÁLVAREZ, en su *Derecho Notarial,* 6ª edición, Barcelona, 1986 pp. 324-326, al clasificarlos por su contenido, cita como testimonios de afirmación de hechos, afectantes a documentos, los de «de reproducción», a saber: los de exhibición (aquellos en que el solicitante muestra el documento al notario para que lo reproduzca en otro dando fe de ello), los de retención (reproducen documentos que obran en poder del notario; si es total se considera copia) y los de investigación (exigen la previa investigación del protocolo por el notario; si el resultado es negativo expresa el hecho de haber examinado el protocolo en lo pertinente y afirma la no existencia de un instrumento otorgado en la fecha indicada por el solicitante, relativo al sujeto, al objeto; si es positivo afirma la existencia del documento)

todos los supuestos en que dicho objeto no es un documento, incluyendo declaraciones de ciencia y de juicio del propio autor de la certificación. Podría discutirse si las certificaciones no documentales son verdaderas certificaciones[8]. No se basan en datos preconstituidos. Un ejemplo paradigmático en las Administraciones Públicas son las certificaciones de los actos y acuerdos de los órganos colegiados cuando todavía no han sido formalizados documentalmente. Asimismo, entre ellos se encuentran los certificados médicos, las certificaciones de obra y determinados actos notariales.

Los notarios no están siempre facultados para dar fe de sus declaraciones de conocimiento, de ciencia o de juicio. No lo están, por ejemplo, para la declaración de capacidad de los otorgantes en las escrituras. Sí que parecen estarlo para la calificación de hechos en actas (las denominadas actas de calificaciones jurídicas y las de notoriedad) y en testimonios que envuelven un juicio u opinión (los de conocimiento de firmas *no* puestas en su presencia o los de vigencia de leyes), pero se podría sostener que en tales supuestos el notario tampoco está facultado para dar fe, y solo da uninforme técnico[9].

A su vez, las documentales se pueden dividir atendiendo a diversas facetas del documento objeto de la certificación.

---

8 Debemos advertir de que muchas veces el uso legal o práctico de los términos certificar, certificación y certificado no es correcto, sobre todo si se refieren a esta clase de certificaciones no documentales, siendo propiamente informes técnicos, que carecen de atribución genérica y específica para dar fe.

9 *Vid.* A. RODRÍGUEZ ADRADOS, *Cuestiones...,* pp. 205-228, en particular sobre las actas de notoriedad que él incluye entre las de calificaciones jurídicas.

Importa ahora destacar algunas, porque permiten apreciar problemas de diversa índole a tener en cuenta.

En atención a la *naturaleza del soporte* cabe clasificarlas según que el documento utilice papel u otros soportes. Entre estos segundos, podemos distinguir los perceptibles directamente (grabados, fotografías), y los que se captan mediante instrumentos técnicos. Los segundos tienen particular importancia en la actualidad, ocupándose de elllos la legislación reciente, en tanto constituyen, a veces, ficheros de los *documentos electrónicos*. Entre los grabados figuran las monedas, las reses, productos homologados, etc. sobre las que se ponen marcas o señales. Todos ellos, cualquiera que sea el soporte, pueden ser objeto de certificación, pero los que solo son perceptibles mediante instrumentos técnicos requieren que la declaración ertificada exprese las características del documento y cómo se ha percibido y reproducido su contenido.

Si atendemos a la *estructura del soporte en papel* podemos diferenciar el documento en hojas sueltas del encuadernado. Esta distinción responde a las dos técnicas tradicionalmente utilizadas para garantizar su autenticidad y permanencia: el pliego u hoja de papel, dando lugar a la denominada escritura, y el libro en el que se escribe, del cual nace el registro. Las formalidades a que se someten los primeros exigen numerar, sellar y rubricar cada hoja, haciendo mención de ellas al finalizar el documento; los segundos, en cambio, requieren numerar, sellar y rubricar las hojas que contiene el libro y hacerlo constar al principio del mismo. Con la aparición de los procedimientos mecanográficos, ambas técnicas se aproximan, tendiendo los libros-registro a convertirse en hojas sueltas encuadernables a posteriori, para hacer posible que aquéllos aparezcan mecanografiados, del mismo modo que las escrituras dan lugar a libros mediante su encuadernación subsiguiente. En todos estos casos, las certificaciones, al recaer sobre documentos escritos, no ofrecen ninguna dificultad.

Una clasificación relevante sería la que atendiendo a la *composición del documento* diferencia: *documentos simples* y *documentos complejos,* estos últimos integrados por dos o más documentos simples, unidos por razones funcionales e incluso legales, como sucede en un *proyecto técnico* (memoria, presupuesto, planos) o en un *expediente* (los expedientes se formarán –art. 164.2 ROF– mediante la agregación sucesiva de cuantos documentos, pruebas, dictámenes, decretos, acuerdos, notificaciones y demás diligencias deban integrarlos, y sus hojas útiles serán rubricadas y foliadas por los funcionarios encargados de su tramitación). Otra variedad especial de documento complejo sería el *registro,* en su acepción documental (libros o ficheros), integrado por fichas o asientos referidos a documentos simples. También el *documento con anexos* tiene cierto interés, por cuanto la unión al principal de los anexos se debe a la voluntad del autor del primero y sirve para completar su contenido.

Por el *instrumento* utilizado para la escritura o grabación son distinguibles *medios tradicionales* (lápiz, pluma, bolígrafo, máquina de escribir, fotografía) y *medios modernos* (grabadoras digitales de textos, imágenes y voz).

Según *cómo* la grabación permita reproducir y percibir señales ópticas, acústicas o electrónicas es posible dividir el documento, tal como ya hemos advertido, en perceptible *directamente* por los sentidos (vista o tacto) o *a través de herramientas o equipos técnicos* (ópticos o auditivos; mecánicos, electrónicos o informáticos).

Con arreglo al *estímulo sensorial* que hace posible la percepción podemos dividirlos en *táctiles, visuales, auditivos o audiovisuales.*

Por el código o lenguaje utilizado las clasificaciones serían según se empleen *signos o señales auditivas o gráficas; códigos establecidos con carácter general o con carácter particular, reglados o no reglados; escritos, dibujos, imágenes* y *sonidos.*

4. Por su forma

Es importante para nuestra subsiguiente exposición señalar dos clases o modalidades de certificación documental por razón de la forma del instrumento utilizado: *certificación en sentido estricto* y *copia certificada.* En la primera se crea un documento para reproducir el contenido de su objeto principal; en la copia certificada, utilizando medios técnicos de reproducción (fotocopia, xerocopia, etc.), se realiza una copia del documento cuyo contenido se quiere reproducir y, mediante una *diligencia* puesta en él se certifica su coincidencia con el original. Es decir, en el primer caso, la certificación da lugar a la creación de un documento autónomo; en el segundo, se pone una *diligencia de certificación* en un documento existente o creado copiando el original.

Así pues, estas dos clases tienen que ver con la *preexistencia o no del soporte documental* de la certificación.

Sin embargo, en la práctica se combinan una y otra, y tienen el mismo valor probatorio.

5. Por quien guarda y custodia el documento

La fe pública atribuida a notarios y secretarios judiciales

contienen regulaciones más depuradas para mencionar los diferentes actos de certificación que producen.

Así, lo notarios, suelen diferenciar: *copias,* reproduciendo documentos originales de los instrumentos que producen (escrituras y actas protocolizadas) y conservan en su protocolo; y *testimonios,* cuando son reproducción de otros documentos, los cuales comprenden testimonios *por exhibición* (cuando el solicitante muestre el documento al notario para que lo reproduzca en otro dando fe de ello) y testimonios *por retención* (si el documento obra en poder del notario).

En cuanto a los *secretarios judiciales,* la doctrina diferencia la *certificación* de copias y extractos de documentos, escritos y actuaciones obrantes en los autos que estén bajo su custodia, y la *certificación o testimonio* de los que se le exhiben, prefiriéndose en este caso la denominación de *testimonio.*

Creemos que, dada la actual organización de los entes locales, donde las funciones tradicionales del secretario como jefe directo de los servicios jurídico-administrativos y de los servicios y dependencias en general han desaparecido, es conveniente adoptar la distinción entre *certificaciones en sentido estricto y testimonios,* tal como las hemos visto distinguidas doctrinalmente con relación a los secretarios judiciales. Por consiguiente, aunque en adelante hablemos indistintamente de certificaciones y copias certificadas, deben entenderse que la denominación de testimonios es la apropiada en aquellos supuestos en los que el secretario certifica de documentos que no están en archivos de la Secretaría ni bajo su custodia. Estos testimonios son similares, en dicho aspecto, a los testimonios por exhibición de los notarios.

II. LAS CERTIFICACIONES DOCUMENTALES DE LOS SECRETARIOS DE LAS ENTIDADES LOCALES

A. EL SECRETARIO DEL ENTE LOCAL COMO AUTOR DE LA CERTIFICACIÓN DOCUMENTAL

1. Consideraciones previas

Al tratar del secretario del ente local como autor de certificaciones importa examinar su competencia funcional, material y jurisdiccional o territorial, la posibilidad de delegarla, su aptitud y los supuestos de sustitución.

El recto entendimiento de la competencia del autor de la certificación es importante, porque establece límites que si no se respetan pueden viciar de nulidad los actos de certificación.

Son importantes, al respecto, el estudio de la reserva de funciones al secretario, las materias que comprende y el ámbito territorial en el que se desenvuelve.

También importa saber cómo, en su caso, se delega la competencia, y tener presentes las causas de abstención.

Respecto de los supuestos de nombramientos en caso de vacantes, y de sustituciones, las normas legales y reglamentarias del régimen local dan respuesta a los problemas que se plantean, aunque no siempre sean respetuosas con los principios de igualdad, mérito y capacidad establecidos por nuestra Constitución para el desempeño de cargos públicos, ni con la reserva de funciones que se dispone con carácter general en la ley A esta cuestión dedicaremos más adelante una atención especial.

2. Competencia

a. Competencia funcional: reserva legal de la fe pública al secretario y excepciones

Hay muchos preceptos legales y reglamentarios que afirman la atribución al secretario de la entidad de la facultad de expedir certificaciones documentales[10]. Pero, con carácter general, es en los artículos 92 bis, 1.a) y 2.a) y 2.a) y c) LBRL y en el 2.1.a) y 3.2.f) RDFHN, donde consta que las certificaciones y copias certificadas de actos, resoluciones, acuerdos, libros, documentos y antecedentes,

---

10 Así, en los artículos 85 LBRL y 36 RBEL (certificaciones del inventario de bienes para inscripción en el Registro de la Propiedad), 122.5.b) LBRL (certificaciones de actos y acuerdos del pleno, que corresponde al Secretario del Pleno), 162 ROF (certificaciones con referencia a los asientos de los Libros del Registro General), 203 ROF (certificaciones y testimonios de los acuerdos de los Libros de Actas), 14 RPDT (certificaciones necesarias para el expediente de segregación parcial para constituir un municipio independiente), 61 RPDT (certificaciones del padrón municipal de habitantes), 110.c) RBEL (certificación en expediente de cesión gratuita de bienes), 5 y 6 del Real Decreto 3426/2000, de 15 de diciembre, por el que se regula el procedimiento de deslinde de términos municipales pertenecientes a distintas Comunidades Autónomas (respectivamente, certificación de no haberse celebrado, en los plazos indicados, las sesiones plenarias previstas para llevar a cabo el deslinde o aceptar el realizado provisionalmente por el ingeniero designado y certificación de la negativa a constituir un comisión de deslinde y de falta de acuerdo para fijar la fecha para las operaciones de deslinde), artículos 5, 6, 10 y 11 de la Orden de 3 de junio de 1986, que desarrolla el Real Decreto 382/1986, de 10 de febrero, por el que se crea, organiza y regula el funcionamiento del Registro de Entidades Locales (certificaciones para inscripciones diversas en el Registro de Entidades Locales).

corresponden a la función pública de secretaría, comprensiva de la fe pública, necesaria en todas las Corporaciones locales, cuya responsabilidad está atribuida a las subescalas de secretaría y de secretaría-intervención.

En una norma de otro carácter, en el citado artículo 204 ROF, se precisa igualmente que las certificaciones, copias y certificados «se expedirán siempre por el Secretario, *salvo precepto expreso que disponga otra cosa»,* pero apuntándose la posible excepción a la regla general, lo que obliga a añadir algún comentario.

En primer lugar, debemos averiguar *qué clase de preceptos son aptos para disponer otra cosa.* Es decir, interesa saber si cualquiera que sea su rango puede alterar la norma general de competencia del secretario de la entidad local, atribuyendo a otro funcionario o miembro de la entidad la facultad de expedir certificaciones.

Hemos de afirmar, por consiguiente, que, la fe pública está atribuida exclusivamente, por ley básica del Estado, a la Secretaría de la entidad, y por ende al titular de la misma. Por consiguiente, todos los actos de certificación, entre ellos la expedición de certificaciones o copias certificadas, como manifestación de la fe pública, corresponde al secretario de la entidad, reserva que no puede alterarse más que por medio de norma básica con rango de ley estatal.

A pesar de que ese contenido material de la fe pública se encuentra detallado en el artículo 3.2 RDFHN, una norma reglamentaria que puede modificarse por otra del mismo rango, cualquier cambio de lo dispuesto en ese artículo 3 por vía reglamentaria no podría conceder ningún cometido de fe pública en el ámbito de los entes locales a quien no sea titular del órgano facultado para ello por la citada ley. Repetimos que sólo por norma de rango de ley básica estatal pueden establecerse excepciones al principio de que la fe pública corresponde al secretario del ente local. Las normas reglamentarias o de otro tipo solo son aptas para atribuir al funcionario público la facultad de expedir las que hemos denominado *certificaciones administrativas,* o las *copias auténticas,* con valor de *documento público administrativo de los no comprendidos en los párrafos 5.º y 6.º del artículo 317 Lec.* En tales casos no se trataría de verdaderas excepciones a la regla general.

Por eso, en segundo lugar, ante casos concretos, conviene examinarlos para saber si responden a verdaderas excepciones. Veamos alguno a título de ejemplo.

Uno se halla en el artículo 4.1.a).6º del RDFHN, que atribuye al Interventor, en su función interventora, emitir *certificados en materia económico-financiera y presupuestaria* y su remisión a los órganos que establezca su normativa específica. Evidentemente, según lo dicho, el precepto reglamentario no puede crear una excepción a la reserva legal de la fe pública y debe entenderse que sólo faculta al interventor para expedir certificaciones *administrativas* en el sentido antes apuntado.

Lo mismo se puede decir de la expedición de *certificaciones de existencia de crédito,* y *de que no se superan los límites cuantitativos establecidos,* atribuidas al interventor, respectivamente, en los artículos 32.2 y 86 del Real Decreto 500/1990, de 20 de abril, por el que se desarrolla, en materia de presupuestos, el capítulo primero del título sexto de la Ley 39/1988, de 28 de diciembre, reguladora de las Haciendas Locales. En estos supuestos, además, las certificaciones aludidas no tienen carácter documental, pues necesitan cálculos de su autor, no limitándose a la reproducción de un documento preexistente.

Otro ejemplo es la *certificación de obra,* cuando compete al funcionario facultativo que dirige las obras a cargo del ente local. En este caso tampoco es una certificación documental, debiéndose al conocimiento y ciencia de quien la formula, que afirma haberse realizado la obra conforme al proyecto correspondiente, y no conlleva la función de dar fe, por lo que tiene ese carácter *administrativo* del que hemos advertido.

Podría suscitar dudas, como excepción a la regla general de la competencia del secretario en materia de fe pública, el precepto contenido en el artículo 134 TRLRHL, por el que se atribuye al interventor local correspondiente, a petición de parte interesada, la expedición de certificación acreditativa de la deuda contraída por el ente local con la respectiva Diputación Provincial por el recargo sobre el impuesto de actividades establecido a favor de ésta. Sirve, cuando la deuda no se haya satisfecho en la forma prevista reglamentariamente, para que la considere firme el Estado y su importe pueda abonarlo al ente provincial, reteniéndolo con cargo a la participación de los municipios en los tributos del Estado.

En dicho precepto sí que se atribuye al interventor, por medio de norma de rango de la ley, la facultad de expedir certificaciones en un supuesto concreto. Podría considerarse un caso de atribución específica de la facultad de certificar, pero también entender que el TRRL se extralimita en la refundición, por no respetar la LBRL, y en tal caso dicho precepto tendría carácter reglamentario.

En cambio, son *excepciones* las que seguidamente mencionamos, por dividir la función genérica de dar fe.

La reforma del régimen local por Ley 57/2003, de 16 de diciembre, de medidas para la modernización del gobierno local, que introduce el título X en la Ley 7/1985, de 2 de abril, reguladora de las Bases del Régimen Local, al crear el régimen de organización de los municipios de gran población, reparte las funciones de la fe pública, que con carácter general se concede a la Secretaría, entre el *Secretario del Pleno,* que será también de sus comisiones, y el *órgano de apoyo* al concejal-secretario de la Junta de Gobierno, cuyos titulares han de ser nombrados entre funcionarios de Administración local con habilitación de carácter estatal, de la correspondiente subescala, a los que se suma *el concejal-secretario de la Junta de Gobierno local,* con dudosa facultad para dar fe en las actas que suscribe, pero sí para certificar de sus acuerdos. Con relación al tema que estudiamos le corresponde a cada uno:

–Al *secretario del Pleno,* según el artículo 122.5.*b),* «la expedición, con el visto bueno del Presidente del Pleno, de las certificaciones de los actos y acuerdos que se adopten».

–Al *concejal-secretario de la Junta de Gobierno Local,* redactar las actas de las sesiones y certificar sobre sus acuerdos (art. 126.4 LBRL).

–Al *titular del órgano de apoyo al secretario de la Junta de Gobierno Local,* sin perjuicio de que pueda delegar su ejercicio en otros funcionarios del ayuntamiento, tal como establece el apartado d) de la Disposición Adicional Octava de la LBRL, ejercer «las funciones de fe pública de los actos y acuerdos de los órganos unipersonales y las demás funciones de fe pública, salvo aquellas que estén atribuidas al secretario general del Pleno, al concejal secretario de la Junta de Gobierno Local y al secretario del consejo de administración de las entidades públicas empresariales».

Hay otro precepto en la propia LBRL, debido también a la Ley 57/2003, que incluye una novedad. Consiste en la creación de la figura del *secretario del Consejo de Administración de las entidades públicas empresariales,* al que se atribuyen funciones de fe pública y asesoramiento legal de los órganos unipersonales y colegiados de estas entidades (artículo 85 bis, 1.*d)* LBRL). Pero al tratarse de una entidad con personalidad propia, distinta de la entidad local, no constituye una excepción a la regla que venimos examinando.

b. Competencia material: el documento

Sin duda el concepto de documento es problemático. Podemos aproximarnos a él considerando los puntos de vista que prevalecen en las diversas ramas del Derecho.

En el ámbito procesal se puede considerar que la noción de documento de la que ha partido el legislador es, tal como dice ORMAZÁBAL SÁNCHEZ, la de «soporte u objeto mueble, fácilmente trasladable a presencia judicial, susceptible de ser copiado o reproducido también con facilidad, y capaz o idóneo para incorporar signos gráficos –de escritura o de otro tipo– inmediatamente legibles o visualizables *(sic)*»[11].

En el orden penal debemos tener en cuenta la inclusión en el nuevo Código, artículo 26, de la definición del documento, a efectos penales, como «todo soporte material

---

11 G. ORMAZÁBAL SÁNCHEZ, *La prueba documental y los medios e instrumentos idóneos para reproducir imágenes o sonidos o archivar y conocer datos,* Colección Ley de Enjuiciamiento Civil 2000, 1ª ed., marzo 2000, p. 22.

que exprese o incorpore datos, hechos o narraciones con eficacia probatoria o cualquier otro tipo de relevancia jurídica».

Los estudiosos del Derecho privado y, sobre todo, entre ellos, los notarios, han elaborado una teoría sustantiva del documento, tratando de superar su visión como mero instrumento de prueba. Ven el documento como *un medio de expresión de un pensamiento,* mediante una grafía, y tempranamente advierten que no es posible limitar en principio a la escritura esa grafía, «puesto que la técnica ha desarrollado o puede desarrollar, en el futuro, otros procedimientos de expresión del pensamiento»[12].

Desde el punto de vista del Derecho administrativo nos sirve la noción de GONZÁLEZ NAVARRO[13], que limita el documento a un «objeto mueble susceptible de ser incorporado directamente al expediente –con foliatura y paginación– y que acredita, mediante escritura o cualquier otro signo –fotografía, dibujo–, una idea, un pensamiento o una realización humana, incluso una situación o aspecto de la naturaleza», añadiendo que «con fórmula breve podría decirse también que el documento es un soporte continente información apto para ser incorporado a un expediente». Así pues, este autor, *excluye del concepto* los objetos que pueden llevarse a presencia del órgano decisor, como los muebles de tipo escriturario –libros, por ejemplo–, pero que

---

12 A. RODRÍGUEZ ADRADOS, «Naturaleza jurídica del documento auténtico notarial», *RDN* núm. XLI-XLII (1963), p. 83.
13 F. GONZÁLEZ NAVARRO, en *Derecho administrativo español,* II, Pamplona, 1988, pp. 387-389 y en J. GONZÁLEZ PÉREZ y F. GONZÁLEZ NAVARRO: *Régimen Jurídico de las Administraciones Públicas y del Procedimiento Administrativo Común,* Segunda edición, Civitas, 1994, pp. 487-490,

por no poder incorporarse al expediente no constituyen documentos. En cambio, *incluye* los que pudiendo incorporarse al expediente carecen de contenido escriturario, como sucede con fotografías, dibujos, croquis, etc., los cuales técnicamente son verdaderos documentos

Para nosotros vale ese concepto amplio, que tiene acogida en la generalidad de la doctrina, y cuyos rasgos esenciales consisten, a nuestro juicio, en ser un objeto mueble, formado por soporte en papel u otro medio, donde se han grabado imágenes, sonidos o escritos, susceptibles de ser percibidos, copiados o reproducidos directamente o a través de instrumentos que garanticen su autenticidad.

Las normas que atribuyen a los secretarios de los entes locales la expedición de certificaciones, no ofrecen duda de que están citando o aludiendo a documentos, sea cualquiera el concepto de estos que se adopte en sentido amplio.

El carácter documental de algunos libros y registros viene sancionado legalmente: el padrón municipal tiene carácter de documento público y fehaciente para todos los efectos administrativos (art. 17.1 LBRL); el libro de actas tiene la consideración de instrumento público solemne (art. 52 TRRL y 198 ROF); respecto de los *libros o soporte documental* del Registro General (art. 152 ROF) se dice que con referencia a sus *asientos* podrán expedirse certificaciones autorizadas por el Secretario (art. 162 ROF).

La referencia general a las certificaciones en el ámbito local se encuentra, como hemos dicho, en el artículo 204 ROF, precepto aplicable con exclusión de otras normas (legislación de las Comunidades Autónomas y ordenanzas y reglamentos de la entidad local), que establece: «Las certificaciones de todos los actos, resoluciones y acuerdos de los órganos de gobierno de la entidad, así como las copias y certificados de los *Libros y documentos* que en las distintas dependencias existan se expedirán siempre por el Secretario, salvo precepto expreso que disponga otra cosa».

Dicho enunciado tiene matiz diferente en el artículo 3.2 RDFHN, por cuanto al relacionar el contenido de la fe pública cuya responsabilidad corresponde a los secretarios de las entidades locales, les atribuye en su apartado f), con notable error: «Certificar todos los actos o resoluciones de la Presidencia y los acuerdos de los órganos colegiados decisorios, así como los *antecedentes, libros y documentos* de la Entidad Local». Efectivamente, la anterior redacción de similar precepto se refería a «certificar *de* todos los actos o resoluciones de la Presidencia y los acuerdos de los órganos colegiados decisorios, así como *de* los antecedentes, libros y documentos de la Entidad». Obviamente, no es lo mismo certificar que certificar *de*, y por lo tanto la supresión de esta preposición da lugar a confundir la *certificación en sentido estricto* con *otros actos de certificación,* propios de la fe pública, que se relacionan en el punto 2 del mismo artículo (levantar acta de sesiones, formalizar contratos, convenios y documentos análogos, llevar el Registro de Intereses, el Inventario de Bienes y, en su caso, el Registro de Convenios). Por fortuna, el artículo 204 ROF reafirma el sentido correcto de las certificaciones, que es el de certificar *de* actos, resoluciones, acuerdos, antecedentes, libros y documentos.

Ambos preceptos permiten deducir la *competencia material* del secretario.

Por una parte, dicha competencia abarca los *actos, resoluciones y acuerdos,* que el artículo 3.2.f) RDFHN refiere a los actos y resoluciones de la «Presidencia» y a los acuerdos de los «órganos colegiados decisorios», precisando más, en dicho aspecto, que el artículo 204 ROF, pues este los relaciona con los «órganos de gobierno de la entidad». Debemos advertir, sin embargo, de que si se interpretara esa certificación de actos, resoluciones o acuerdos en su sentido estricto, no estaríamos ante una certificación documental. Sólo si ya están formalizados documentalmente cabe la certificación a la que nos estamos refiriendo.

Para evitar dudas, los preceptos reglamentarios citados deben completarse con otros, como los siguientes, que dan por supuesta dicha formalización al mencionar copias de acuerdos o acuerdos del libro de actas:

— Artículo 70.3 LBRL: «Todos los ciudadanos tienen derecho a obtener copias y certificaciones acreditativas de los acuerdos de las corporaciones locales y sus antecedentes, así como...». Repetido con algún matiz en el artículo 207 ROF: «Todos los ciudadanos tienen derecho a obtener copias y certificaciones acreditativas de los acuerdos de los órganos de gobierno y administración de las Entidades locales.

— Artículo 203 ROF: «El Secretario custodiará los Libros de Actas... Estará obligado a expedir certificaciones o testimonios de los acuerdos que dicho Libro contenga cuando así lo reclamen de oficio las autoridades competentes».

— Artículo 230 ROF: «1. (Se refiere a la Oficina de Información). 2. La obtención de *copias y certificaciones acreditativas de acuerdos municipales...».*

Por otra parte, el enunciado comprende *antecedentes, libros y documentos,* que han de ser *de* la entidad, según el artículo 3.2.f) RDFHN, y con arreglo al 204 ROF solo abarca libros y documentos «que *en* las distintas dependencias existan». En todos ellos se alude a documentos, pues no otra cosa son los libros y antecedentes.

Las normas reglamentarias citadas difieren al determinar

si la certificación abarca documentos *de* la entidad *en* la entidad. La expresión *de la entidad* no precisa los límites que indagamos, ni tampoco la serie de vocablos *en, dependencias* y *existan.* Los *de la entidad,* si no se hallan en las dependencias *de* esta, escapan a la competencia del fedatario; los que hay *en* esta no siempre son certificables si aplicamos la norma básica contenida en el artículo 276.6 LPAC sobre expedición de copias auténticas. Y, en todo caso, los documentos públicos notariales, registrales y judiciales, así como de los diarios oficiales, que se rigen por su legislación específica.

c. Competencia jurisdiccional

La *competencia jurisdiccional* es la propia de la entidad local a la que pertenece el puesto de Secretaría que desempeña el secretario. Por lo demás, la certificación del secretario de una entidad local es eficaz en todo el territorio español. Pero hay supuestos legales en que se realizan las funciones necesarias de la entidad por funcionarios que no pertenecen a esta, sino a otra entidad, ejerciendo la función certificante en el ámbito de aquella, a saber:

a) Desde un puesto adecuado del Servicio de Asistencia Técnica de la Diputación Provincial, Cabildo o Consejo insular, o entes supramunicipales, cuando la entidad local carece de puesto de trabajo de Secretaría o su titular está ausente por enfermedad u otra causa, o en caso de abstención legal.

b) Desde el puesto de Secretaría de una Agrupación de entidades locales creada para sostenimiento en común de dicho puesto.

c) Por el secretario de otra entidad local en virtud de acumulación, supuesto que alcanza a las

Mancomunidades eximidas del puesto de trabajo de secretaría.

c) Por el secretario de uno de los municipios en el caso de Mancomunidades, cuando se haya dispuesto así.

d. Delegación de competencia

Es posible por parte de los secretarios la *delegación* de competencias (art. 9 LRJSP). Pero al tratarse de función cuya responsabilidad administrativa está reservada a funcionarios con habilitación nacional (art. 92 bis, 1.a) y 2.a) LBRL) es necesario que la delegación de dicha responsabilidad recaiga sobre funcionario de habilitación nacional. Este funcionario, además, ha de estar adscrito a puesto de trabajo de colaboración inmediata a las funciones de S ecretaría –cuando lo haya– de conformidad con lo previsto en el artículo 15 RDFHN, a los que corresponderá la sustitución de los titulares de los puestos en los casos de vacante, ausencia, enfermedad o concurrencia de causa de abstención o recusación legal o reglamentaria de los mismos. Por la misma razón, la delegación de la función de fe pública del secretario debe recaer, por regla general, en ellos.

La delegación, sin embargo, llamada en el citado artículo del RDFHN *encomienda,* se rige por lo dispuesto en su punto 2, a saber: «A los citados puestos de colaboración, les corresponderán las funciones reservadas que, previa autorización del Alcalde o Presidente de la Corporación, les sean encomendadas por los titulares de los puestos reservados de Secretaría, Intervención y Tesorería».

Una excepción a esta regla general se contiene en el apartado d) de la Disposición Adicional Octava de la LBRL, que permite al *titular del órgano de apoyo* al secretario de la Junta de Gobierno Local *delegar las funciones de fe pública de los actos y acuerdos de los órganos unipersonales y las demás funciones de fe pública en otros funcionarios del ayuntamiento,* precepto sin duda criticable por romper con el principio de reserva de dichas funciones a funcionarios con habilitación de carácter nacional.

Una norma reglamentaria que parece admitir la delegación en funcionario que no tenga la habilitación de carácter nacional se halla en el artículo 61 RPDT, que con respecto a las certificaciones de datos del padrón municipal advierte de que *serán expedidas por el secretario del Ayuntamiento o funcionario en quien delegue.* Sin embargo, la delegación aquí prevista debería acomodarse, a nuestro juicio, a lo que dispone el más reciente RDFHN, es decir, a que el funcionario delegado tenga la habilitación nacional y desempeñe un puesto de colaboración de la secretaría.

Así mismo, como ejemplo de legislación autonómica que permite estas delegaciones en quienes no poseen la habilitación de carácter nacional podemos citar la Ley 6/1994, de 19 de mayo, reguladora de las Entidades Locales Menores de Cantabria, cuyo artículo 37, en efecto, dispone:

1. El puesto de Secretaría de la Junta Vecinal será desempeñado por el Secretario del Ayuntamiento o Agrupación de que dependa la Entidad, quien podrá delegar el desempeño de dicho puesto en un funcionario del Ayuntamiento o persona idónea propuesta por la Junta o Asamblea Vecinal. -En todo caso los informes preceptivos de asesoramiento legal habrán de ser sometidos por *(sic)* el Secretario del Ayuntamiento al que pertenezca la Entidad. 2. También podrá el Secretario tener la condición de personal funcionario con puesto de trabajo reservado a funcionarios con habilitación de carácter nacional, pero en este caso deberá clasificarse como tal, y quedará sujeto al régimen general de estos funcionarios».

En los artículos 114 al 118 ROF se dan normas acerca de la delegación de atribuciones entre órganos necesarios, que entendemos de aplicación al caso:

–Requiere la aceptación del delegado, la cual se entenderá producida tácitamente si en el término de tres días hábiles contados desde la notificación del acuerdo no hace manifestación de no aceptarla ante el delegante (art. 114.1).

–La revocación o modificación de las delegaciones habrá de adoptarse con las mismas formalidades que las exigidas para su otorgamiento (art. 114.3).

–Si no se dispone otra cosa, el órgano delegante conservará las siguientes facultades en relación con la competencia delegada: a) La de recibir información detallada de la gestión de la competencia delegada y de los actos o disposiciones emanados en virtud de la delegación; b) La de ser informado previamente a la adopción de decisiones de trascendencia.; c) Los actos dictados por el órgano delegado en el ejercicio de las atribuciones delegadas se entienden dictados por el órgano delegante, correspondiendo, en consecuencia, a éste la resolución de los recursos de reposición que puedan interponerse, salvo que en el Decreto o acuerdo de delegación expresamente se confiera la resolución de los recursos de reposición contra los actos dictados por el órgano delegado (art. 115).

–El órgano delegante podrá avocar en cualquier momento la competencia delegada con arreglo a la legislación vigente sobre procedimiento administrativo común y en el caso de revocar la delegación, el órgano que ostente la competencia originaria, podrá revisar las resoluciones tomadas por el órgano o autoridad delegada en los mismos casos y condiciones establecidas para la revisión de oficio de los actos administrativos (art. 116).

–Ningún órgano podrá delegar en un tercero las atribuciones o potestades recibidas por delegación de otro órgano (art. 117).

–La delegación de atribuciones se entenderá que es por término indefinido, salvo que la resolución o acuerdo de la delegación disponga otra cosa, o la temporalidad de la misma se derive de la propia naturaleza de la delegación (art. 118).

El carácter de órgano de la Secretaria nos parece claro. En cuanto a la forma de producirse, nos parece que ha de sujetarse a las reglas establecidas en el artículo 9 LRJSP. Por consiguiente, ha de publicarse en el Boletín de la Provincia respectiva, y los actos de certificación que se realicen en virtud de la delegación deben indicar dicha circunstancia (art. 9. 3 y 4 LRJSP).

Se desprende del artículo 5.1. LRJSP, en el cual se dice que «tendrán la consideración de órganos administrativos las unidades administrativas a las que se les atribuyan funciones que tengan efectos jurídicos frente a terceros, o cuya actuación tenga carácter preceptivo» –circunstancias que concurren en la secretaría de los entes locales, por cuanto tiene atribuidas funciones públicas necesarias de fe pública y asesoramiento legal preceptivo–, así como del 129.4 LBRL, al referirse al *«órgano* de apoyo a la Junta de Gobierno Local y al concejal-secretario de la misma»*, entre cuyas funciones figuran las de fe pública que le atribuye la DA 8.d) de la propia Ley. Además, la función de la fe pública conlleva el ejercicio de una potestad administrativa, posee indudable *relevancia jurídica y expresa hacia el exterior una voluntad jurídica,* datos que la doctrina considera propios del concepto de órgano, tal como se puede ver en A. SANTAMARÍA PASTOR, «La teoría del órgano en el Derecho Administrativo», *REDA*, núm. 40-41 (1984), quien pone de relieve el esfuerzo de la doctrina italiana para reservar la noción de órgano a determinadas unidades de la organización administrativa dotadas de «relevancia jurídica», de manera que según ella «órgano es sólo la unidad funcional capaz de actuar de forma jurídicamente eficaz en las relaciones intersubjetivas, o, lo que es lo mismo, la que ostenta el poder de expresar hacia el exterior la voluntad jurídica del ente que lo integra» (p. 54), lo que guarda relación con la diferencia entre funciones jurídicas y tareas materiales, dado que las primeras corresponden al órgano y las segundas a los «uffici» internos (pp. 66-67). Añade el autor que, según las aportaciones doctrinales, la función es un concepto organizativo, que se distingue de la competencia, traducción jurídica de aquella, si bien en el Derecho positivo son conceptos equivalentes (pp.67-68).

Recientemente el RDFHN, en su disposición adicional octava, relativa al ejercicio electrónico de las funciones reservadas, dispone: «A los efectos del ejercicio en soporte electrónico de las funciones reservadas a los funcionarios regulados en el presente real decreto, los puestos a ellos reservados tendrán la consideración de órganos, sin perjuicio de lo dispuesto en el título X de la Ley 7/1985, de 2 de abril, reguladora de las Bases del Régimen Local».

3. Aptitud

a. Investidura

Para GONZÁLEZ PÉREZ la aptitud del titular del órgano con relación al propio órgano es la *investidura* y con relación a los interesados el *no concurrir causa de abstención*.

La *investidura* es la adscripción legal del funcionario.

Comprende el nombramiento por la autoridad competente entre funcionarios de la subescala determinada legalmente y la posesión[14].

El *nombramiento* para el puesto de Secretaría debe realizarse entre funcionarios de las subescalas de secretaría o secretaría-intervención, siguiendo las normas establecidas legalmente. Exige el previo ingreso en las subescalas citadas, siguiendo el procedimiento de selección establecido. El nombramiento para el puesto de trabajo de la secretaría del ente local se ha de ajustar a lo previsto en la legislación aplicable (arts. 92 y 99 LBRL).

La *posesión* determina la adquisición de los derechos y deberes funcionariales inherentes a la situación en activo, pasando a depender el funcionario de la correspondiente Corporación (art. 99.5 LBRL).

b. Sustitución o suplencia

Cuando existe el puesto de colaboración al que poco más arriba nos hemos referido, quien lo desempeñe será el funcionario llamado a la sustitución. Tal como establece el precepto reglamentario, la sustitución procederá en los casos de vacante, ausencia, enfermedad o abstención legal o reglamentaria (art. 15.3 RDFHN y 183 ROF). Habría que añadir el supuesto de recusación (arts. 13 LRJSP y 184 ROF) estimado por el alcalde o presidente de la entidad, el cual deberá designar a funcionario que reúna las condiciones requeridas, según lo que exponemos.

---

14 Vid. en J. GONZÁLEZ PÉREZ y F. GONZÁLEZ NAVARRO, *Régimen Jurídico de las Administraciones Públicas y del Procedimiento Administrativo Común,* Segunda edición, Civitas, 1994, p.734.

Las funciones reservadas a funcionarios de Administración Local con habilitación de carácter nacional, en Entidades Locales eximidas, serán ejercidas por las Diputaciones Provinciales, Cabildos, Consejos insulares o entes supramunicipales, o, en su caso, mediante acumulación de funciones o agrupación para sostenimiento en común del puesto reservado. (art. 16.1 RDFHN)).

En otro caso puede acudirse a nombramientos provisionales, accidentales o interinos o a comisiones circunstanciales (arts. 49, 52, 53 y 55 RDFHN).

c. Abstención y recusación

Conviene recordar que las causas de abstención son las enumeradas en el artículo 23.2 LRJSP. Se podría plantear la duda de si esas causas se refieren estrictamente «a intervenir en el procedimiento», como se dice en el párrafo 1 del citado artículo, o si abarca actos que se dan al margen del procedimiento. Nos inclinamos por la doble interpretación, pues de lo contrario se llegaría al absurdo de aplicar dichas causas, mediante la abstención o la recusación, cuando se trata de funcionarios que intervienen en el procedimiento por cualquier concepto (instruir, informar, etc.), y de no aplicarlas, en cambio, a quienes ejecutan actos que ponen fin al procedimiento, o al margen de él. Es decir,el procedimiento administrativo sólo está pensado para las declaraciones de voluntad negociales, quedando fuera de su consideración los restantes. El olvido de los actos administrativos no negociales es patente en nuestro ordenamiento jurídico, a pesar de su reconocimiento doctrinal como tales actos administrativos. Así pues, el término «procedimiento» requiere una interpretación amplia.

Obviamente, de tal modo, las causas de abstención legalmente establecidas con carácter general en ese artículo 23.2 afectan a los fedatarios locales por remisión normativa (182 y 183 ROF), pues sus actos de certificación son actos administrativos. En este sentido, el alcance de la propia ley del sector público (art. 2.c LRJSP) y la aplicación de dichos motivos de abstención a «las autoridades y el personal al servicio de las Administraciones» (art. 22.1 LRJSP) añaden argumentos a los expuestos. El procedimiento es el de los artículos 183 y 184 ROF.

Con arreglo al primero

Los funcionarios en quienes se dé alguna de las causas señaladas en el artículo anterior deberán abstenerse de actuar, aun cuando no se les recuse, dando cuenta al Presidente de la Corporación, por escrito, para que provea a la sustitución reglamentaria.

Y en el segundo se dice:

La recusación se incoará por instancia alegando la causa. El recusado manifestará por escrito si la reconoce o no y una vez practicada la prueba que proceda, dentro de los quince días, el Presidente o el Pleno, en su caso, resolverá sin recurso alguno, sin perjuicio poderse alegar la recusación al interponer el recurso administrativo o contencioso-administrativo, según proceda, contra el acto que termine el procedimiento.

4. La perversión del sistema

a. El incumplimiento de la reserva de funciones

A pesar de todo, la realidad ofrece un panorama de incumplimiento de la reserva de funciones que la Ley establece a favor de funcionarios de carrera de habilitación nacional, denunciado desde hace años por el Colegio de Funcionarios de Administración Local con Habilitación de

Carácter Nacional[15]. Incumplimiento que debe achacarse tanto a quienes publican desarrollos reglamentarios que vulneran el espíritu y la letra de la ley, como a los que demuestran su talante político voluntarista adoptando decisiones al margen de o contra ella. Sin embargo, el problema tiene fácil solución.

Ya bajo la vigencia del Texto Articulado Parcial del Estatuto de Régimen Local, aprobado por Real Decreto 3046/1977, de 6 de octubre, se proponía la regulación automática de la acumulación temporal de secretarías, tanto en los supuestos de vacancia general, como en los de carácter temporal por motivos accidentales, arbitrando un mecanismo de sustitución del secretario por otro secretario, «de la misma forma que a un Notario o a un Médico sólo pueden sustituirlos en el ejercicio de sus funciones otro Notario u otro Médico cuando se hallan ausentes, y nunca un oficial de Notaria o un ayudante de clínica», entendiendo que la función certificante no debe ser ejercida por funcionario no perteneciente al cuerpo nacional, pues esto significa un «fraude a la carrera secretarial»[16].

Hoy en día, también puede arbitrarse la colaboración de los servicios de asistencia de Diputaciones Provinciales, Cabildos, Consejos insulares o entes supramunicipales, o en su caso de las Comunidades Autónomas uniprovinciales, a

---

15 *Vid.* F. LÓPEZ MERINO, «La posición del Colegio Nacional de Secretarios, Interventores y Depositarios de Administración Local respecto del estatuto jurídico actual de sus miembros», en *CUNAL Revista de Estudios Locales,* número extraordinario (1997), pp. 94 a 100.

16 *Vid.* A. IRIARTE Y PÉREZ, «La acumulación temporal de Secretarías de Administración Local, en orden a la función certificante y asesora del Secretario», *REVL* núm. 204 (1979), pp. 681-698.

través de funcionarios con habilitación de carácter nacional adscritos a puestos creados al efecto.

b. Nombramientos interinos y accidentales

Actualmente, abierta la puerta en el derogado EBEP para nombramientos en favor de quienes carecen de la habilitación adecuada, al disponer en su DA 2ª, número 5.3, que «las Comunidades Autónomas efectuarán, de acuerdo con su normativa, los nombramientos provisionales de funcionarios con habilitación de carácter estatal, así como las comisiones de servicios, acumulaciones, nombramientos de personal interino y de personal accidental», continúa este procedimiento en la vigente redacción del artículo 92 bis.7 LBRL, con sólo la modificación de que debe seguirse la normativa establecida por la Administración del Estado. Es en los nombramientos de personal interino y accidental donde principalmente radican las anomalías.

En la legislación derogada por el EBEP, los nombramientos de personal interino y eventual que realizaban las Comunidades Autónomas carecían de respaldo legal, pues tanto la LBRL como el TRRL disponían en todo caso la provisión de los puestos a que nos referimos por funcionarios con habilitación nacional, rechazando implícitamente los nombramientos de funcionarios o personas ajenas a ellos.

Fue en el RD 1174/1987, que reguló el régimen de los funcionarios con habilitación nacional, donde se introdujo, en su ahora derogado artículo 42, al margen de la ley, junto a los nombramientos provisionales, comisiones de servicios y acumulaciones (que se realizaban entre funcionarios con habilitación nacional de las correspondientes subescalas), la posibilidad de que la propia entidad cubriera el puesto de trabajo reservado, en casos de ausencia, enfermedad o abstención legal o reglamentaria, facultándola para «habilitar con carácter accidental a uno de sus funcionarios suficientemente capacitado», o en el supuesto de vacante, a realizar el nombramiento interino «de una persona que reúna las condiciones de titulación exigidas para el desempeño del mismo».

Esta corruptela se perpetuó en las modificaciones posteriores del Reglamento, y las Comunidades Autónomas le dieron carta de naturaleza mediante sus leyes de régimen local, amparándose en sus facultades para el nombramiento de funcionarios «interinos», que a partir de un cambio de nomenclatura se denominó «provisionales», entendiéndose que los interinos serían nombramientos a favor de quienes no eran funcionarios, y los provisionales a favor de quienes lo eran. Quedaba así expedito el camino para asumir competencias de nombramiento de interinos que no fueran funcionarios, cuya aptitud hubiera quedado acreditada mediante el ingreso en el cuerpo o escala que tenía reservada la función de fe pública en las entidades locales.

El Real Decreto 1732/1994, de 29 de julio, sobre provisión de puestos de trabajo reservados a funcionarios de Administración local con habilitación de carácter nacional, no merece mejor opinión. Los *nombramientos provisionales* eran preferentes a las acumulaciones y comisiones de servicios, que siempre corresponden a funcionarios con la habilitación nacional, así como a los nombramientos accidentales e interinos, mas pudiendo recaer, con carácter excepcional, si no es posible nombrar habilitados de la subescala y categoría a que esté reservado el puesto, en habilitados de distinta subescala o categoría en posesión de la titulación exigida para el acceso a aquélla (art. 30.2)). La excepción era más grave en el caso de los *nombramientos accidentales,* pues permitió a las Corporaciones locales nombrar con carácter accidental a uno de sus funcionarios suficientemente capacitado, cuando no fuese posible la provisión del puesto mediante nombramiento provisional, acumulación o comisión de servicios (art. 33). Pero, sobre todo, la mayor perversión estuvo en los *nombramientos interinos.* Disponía al efecto el artículo 34 del Real Decreto citado:

> Cuando no fuese posible la provisión de los puestos de trabajo vacantes en las corporaciones locales reservados a funcionarios con habilitación de carácter nacional por los procedimientos previstos en los artículos 30, 31 y 32, las corporaciones locales podrán proponer, con respeto a los principios de igualdad, mérito, capacidad y publicidad, el nombramiento como funcionario interino de una persona que esté en posesión de la titulación exigida para el acceso a la subescala y categoría a la que pertenece.

Esos nombramientos se hicieron endémicos, y lo del «respeto a los principios de igualdad, mérito, capacidad y publicidad» fue, sin duda, un brindis al sol.

El RDFHN vuelve a regular en el capítulo VI de su Título II esas otras formas de provisión de puestos reservados, señalando entre ellas los nombramientos provisionales, accidentales e interinos, objeto respectivamente de sus artículos 49, 52 y 53. En ellos se reitera prácticamente lo dispuesto al respecto en el anterior real decreto sobre provisión de puestos de trabajo.

Los nombramientos de quienes no son funcionarios de las correspondientes subescalas de secretaría y secretaría-intervención corrompen el sistema de fe pública local, rompen o debilitan el principio constitucional de igualdad, mérito y capacidad para el acceso a las funciones públicas y contradicen el principio legal de reserva de funciones.

5. Expresión práctica en la certificación

El autor y sus circunstancias, relativas al cargo que desempeña, se reflejan en la certificación, por regla general, al comienzo de la misma, poniendo con mayúsculas el nombre, apellidos y cargo, precediendo al «certifico» propio de la declaración de certeza.

Al citar el cargo debe advertirse, en su caso, de si es interino, provisional, accidental o por sustitución del titular, añadiendo en este último supuesto la causa, es decir, por ausencia, enfermedad, abstención o recusación admitida. Asimismo, en supuestos de delegación indicará el hecho de actuar por delegación del titular, la fecha de esta y el dato de publicación en el Boletín Oficial de la Provincia.

B. OTROS SUJETOS QUE INTERVIENEN EN LAS CERTIFICACIONES

1. Ordenante y legitimador

Se dice en el artículo 205 ROF que «las certificaciones se expedirán por orden del Presidente de la Corporación y con su "visto bueno", para significar que el Secretario o funcionario que las expide y autoriza está en el ejercicio del cargo y que su firma es auténtica».

La orden del presidente de la Corporación precede a la propia certificación, por lo que no es un elemento de ésta, sino la resolución de un procedimiento, cuya ejecución corresponde al funcionario competente. También el visto bueno es un requisito posterior, que se añade a la certificación expedida por el secretario, y equivale a una legitimación. De ambos nos ocuparemos más adelante, al tratar de la actividad de certificación.

Es obvio que el presidente de la Corporación ha de poseer la competencia y la aptitud exigidas por la ley para realizar ambos actos, de cuya validez dependerá también la de la certificación.

Recordemos que en ocasiones la orden puede partir de la *autoridad judicial* si reclama de oficio certificación de los acuerdos que contengan los Libros de Actas (art. 203 ROF), bien se dirija al alcalde o presidente de la entidad, bien directamente al secretario. En el primer supuesto, deberá la primera autoridad local, a su vez, ordenar al secretario librar la certificación; en el segundo le bastará a este la reclamación judicial.

Puede mantenerse, además, que la orden viene a veces implícita en disposiciones legales o reglamentarias, por lo que *no es necesaria la intervención de un sujeto ordenante,* como sucede, entre otros supuestos, cuando se manda: dejar copia certificada, o anotar en los expedientes bajo firma, las resoluciones y acuerdos que recaigan (art. 177.3 ROF y 3.2.h) RDHN), y remitir copia o extracto de los actos y acuerdos a las Administraciones del Estado y de la Comunidad Autónoma dentro del plazo de seis días (arts. 56.1 LBRL, 196.3 ROF y 3.2.g) RDHN)), obligaciones que forman parte de las funciones de fe pública de los secretarios de las entidades locales.

El *visto bueno,* con la firma del Presidente, se pone, como dice el precepto trtanscrito, «para significar que el Secretario o funcionario que las expide y autoriza está en el ejercicio del cargo y que su firma es auténtica», requisito que exigen muchos otros preceptos reglamentarios y que extienden los artículos 110 ROF y 2.*c)* RDFHN a las actas de las sesiones, si bien en este caso la firma del presidente no se considera como   en el artículo 205 ROF, pues disponen que el acta, una vez aprobada por el Pleno, se transcribirá en el Libro de Actas, autorizada con la firma del secretario y el visto bueno del alcalde o presidente de la Corporación, sin precisar el significado de ese visto bueno[17].

Cita GARCÍA-TREVIJANO FOX[18] entre las comprobaciones declarativas todas las llamadas legalizaciones, actos dice «que afectan a la certeza de las firmas estampadas en el documento, a la regularidad del procedimiento seguido, a la realidad de los cargos desempeñados o profesiones ejercidas (Fragola), a lo que debe añadirse el cotejo de copias de documentos».

La doctrina notarial[19] suele dar diferente alcance a la legalización y a la legitimación, entendiendo que la primera da fuerza legal a un instrumento, autorizándolo para que valga en cualquier lugar y en todas las circunstancias, y la segunda conciernea a la autenticidad de la firma.

---

17 Ver J. CATALÁN SENDER, «El significado del "Visto Bueno" extendido en las certificaciones por la Presidencia de los Órganos Colegiados. Una aproximación histórica, doctrinal y jurisprudencial», en *Actualidad Administrativa, 1998,* «será la Ley de Ayuntamientos de 5-7-1856 la que por vez primera establezca expresamente, en su art. 180, el requisito del «Visto Bueno» de la Presidencia en las certificaciones expedidas por el Secretario», siendo después una constante en la legislación local, si bien con distinto alcance. Efectivamente, se pasa de considerarlo, hasta el Estatuto Municipal de 1924, una condición para ser valederas las certificaciones, a significar, a partir del ROF de 1952, que el secretario o funcionario que las expide y autoriza está en el ejercicio del cargo y que su firma es auténtica.

18 *Vid.* J. A. GARCÍA-TREVIJANO FOS, *Los actos...,* cit., p.299-300.

19 *Vid.* E. GIMÉNEZ-ARNAU, *Derecho Notarial,* Pamplona, 1976, pp. 801-816.

Lo cierto es que el visto bueno de las certificaciones expedidas por el secretario de una entidad local, se califique como legalización o legitimación, aparece como un acto administrativo en virtud del cual asevera su autor esas dos circunstancias que cita el precepto reglamentario transcrito: ejercicio del cargo y autenticidad de la firma de quien certifica. Es un requisito subsiguiente al acto de certificación ya perfeccionado. Así pues, no añade nada a la certificación del secretario, ni a su potestad para expedir la certificación; pero suma una solemnidad externa al documento, que junto a otros requisitos de forma, como el uso de papel y sello oficiales, refuerza su autenticidad aparente. Entendemos, por consiguiente, que su falta pudiera considerarse vicio de forma de la certificación, aunque cabe oponer que su autenticidad es verificable por otros medios.

Los secretarios judiciales han logrado que este anacrónico «visto bueno» deje de ser necesario en sus certificaciones. A favor de la supresión en el ordenamiento local debemos señalar su inutilidad. Nadie puede asegurar que el firmante del visto bueno sea el presidente de la entidad, por lo que ese requisito no acredita nada de lo que se pretende; son otras formalidades las que contribuyen a ello, fundamentalmente llevar el sello de la Corporación (art. 205 ROF), el reintegro, en su caso, y su anotación en el registro de salida, con la consiguiente nota expresiva de la fecha en que se inscribe, salida y número de orden que le haya correspondido (arts. 154 y 155 ROF). El artículo 154 ROF exige, además, que en el Registro de Salida se anoten, entre otros documentos las certificaciones que emanen de las Corporaciones, Autoridades o funcionarios locales, por lo que, antes de entregarse al interesado, debe cumplirse tal requisito, el cual, a nuestro juicio, añade un formalidad más a la autenticidad externa o corporal de la certificación, pues la operación registral estampará en aquélla la nota expresiva de la fecha en que se inscribe, salida y número de orden que le haya correspondido (art. 155 ROF). Ha de lamentarse que no siempre se cumple esta exigencia reglamentaria, que a nuestro juicio es importante para garantizar la procedencia de la certificación.

En el caso de Secretarios de Administración Local la firma electrónica también garantiza la identidad y el ejercicio de dicho cargo, por lo que debería prescindirse del anacrónico visto bueno.

Algunas Comunidades Autónomas lo han suprimido[20].

Por suerte, la utilización de la cada vez más extendida de la *firma electrónica,* cuando acredita suficientemente la identidad de quien da fe, la autenticidad de su firma y estar desempeñando su cargo en un ente público determinado, hace innecesario el visto bueno.

La orden y el visto bueno se suelen citar al pie, con esta o parecida expresión: «Y para que conste..., expido la presente *de orden y con el visto bueno del Sr. Alcalde (o Presidente)»,* aunque a veces, cuando no es necesaria la orden mencionada, bastará aludir solo al visto bueno.

2. Cotejante

En la esfera local aparece citado reglamentariamente un colaborador del fedatario, al mandarse en el artículo 205 ROF que las certificaciones «irán rubricadas al margen por el Jefe de la Unidad al que corresponda». Esa rúbrica debe interpretarse como cotejo y lógicamente se refiere solo a las

---

20 *Vid.* J. CATALÁN SENDER, op. cit.

certificaciones documentales, aunque la literalidad del precepto pueda inducir a confusión.

La rúbrica al margen debe ponerla, como se advierte en dicho artículo, el jefe de la unidad al que corresponda, entendiéndose que debe ser quien tiene a su cargo el documento del que se certifica, responsable de su custodia. Habrá de atenerse a la organización administrativa propia y peculiar de cada entidad local para determinar cuál sea esa unidad y jefatura.

No obstante, tras la reforma introducida por la Ley 7/1985, de 2 de abril, reguladora de las bases del Régimen Local, que desvincula los servicios jurídico-administrativos de la jefatura del secretario, existe una falta de congruencia entre la organización administrativa de los entes locales y la función del secretario que estamos examinando. Este tiene que expedir certificaciones de documentos que no están, muchas veces, a su cargo o bajo su custodia, ni en unidades dependientes de él. El cotejante señalado por el ROF no depende ya jerárquicamente del secretario autor de la certificación, no recibe instrucciones de este para su elaboración, y su cotejo no responde a la situación actual. Así pues, la certificación no tiene por qué prepararse en la unidad donde se custodia, y lo correcto es que se extienda en los servicios de la propia Secretaría, a donde debe remitirse el documento original del que se ha de certificar. Es decir, creemos que el cotejo debe realizarlo quien bajo la dependencia del secretario prepara la certificación, más bien un testimonio en el sentido que que hemos dicho.

C. LA DECLARACIÓN DE CONOCIMIENTO DEL AUTOR DE LA CERTIFICACIÓN COMO OBJETO DIRECTO DE LA CERTIFICACIÓN

1. El objeto directo e inmediato de la certificación

El objeto directo de las certificaciones puede consistir en una declaración de juicio, de conocimiento, de ciencia o mixta de unas y otras, todas ellas debidas al autor de la certificación.

En nuestro caso nos ceñimos a las *declaraciones de conocimiento o mixtas,* pues son las que constituyen el objeto de las certificaciones documentales a las que nos venimos refiriendo.

En ellas debe figurar lo que resulte del examen del documento objeto de la certificación, describiendo los datos relevantes de fecha, autor, identidad de éste, sellos y otras características (palabras de difícil apreciación, raspaduras, tachaduras, enmiendas salvadas o no, etc.) que acrediten o sean indicativos de la autenticidad y originalidad del documento y de la autenticidad de su contenido, o hagan dudar sobre dichos extremos. Dicha labor corresponde al funcionario que las prepara y coteja, debiendo el secretario, en su caso, realizar la oportuna comprobación.

Así mismo es preciso, cuando no se reproduce el documento en su integridad, de modo fiel y completo, advertir de que en lo no reproducido o no transcrito no hay nada que amplíe, restrinja o modifique la parte certificada, y si esto no es fácilmente comprobable por el fedatario, consignar que no se pueden acreditar determinados extremos (citándolos), dada la extensión del documento o la falta de pericia del autor de la certificación para opinar sobre su contenido.

Si se trata de documentos electrónicos o de otra naturaleza, que sólo mediante aparatos o instrumentos se puedan percibir, debe el fedatario hacer constar el soporte y el medio de reproducción, así como figurar en la certificacion o copia certificada el cotejo y qué servicio garantiza el correcto funcionamiento del sistema.

Añadamos, aunque sea obvio, que estas declaraciones, objeto directo de la certificación, no permiten operaciones, cálculos o interpretaciones, y sólo, de modo accesorio, observaciones, juicios y valoraciones para advertir circunstancias externas del documento, relevantes para quien va a utilizar la certificación como medio de prueba en sustitución del documento original.

2. Examen especial de la declaración negativa

Cuando la declaración certificada niega la existencia de ciertos datos o información en el documento objeto de la certificación estamos en el supuesto de la *certificación negativa*.

En tal caso, es necesario el examen del contenido del documento para averiguar si la información o el dato solicitado existe o no. Naturalmente, solo puede prosperar la solicitud de esta clase de certificación cuando el documento está perfectamente determinado y es fácil acceder al dato o información. De otro modo (v.gr. cuando es grande la extensión o complejidad del documento, o su contenido es técnico, o exige operaciones, cálculos o interpretaciones), no es exigible al funcionario certificante.

Un ejemplo de peticiones de certificación sin documento adecuado para ello, lo que exigiría recuentos excesivos, se debe a farmacéuticos que pretenden abrir farmacia y solicitan del ayuntamiento que se les proporcione certificación del número de habitantes de una zona delimitada por ellos. Se supone que el secretario debe obtener del padrón de habitantes el dato solicitado. Pero si la zona delimitada por el solicitante no coincide con las secciones establecidas, que han servido para elaborar el resumen numérico del padrón, no es posible conocerlo, por no haber un documento en el que conste. Para averiguarlo se debería practicar una operación contable, dando lugar a posibles errores, y la certificación no sería de una declaración de conocimiento del autor, en sentido estricto. Ahora bien, si la informatización del Padrón lo convierte en un Registro de habitantes, indexado por calles, números de edificios, viviendas, etc., permitiendo obtener el número de habitantes de un perímetro cualquiera, sí que se podrá expedir la certificación.

Sobre la negativa producida en un caso de esta índole hay una sentencia del Tribunal Superior de Justicia de Castilla y León (Sala de lo Contencioso-Administrativo de Valladolid) de 20 de septiembre de 1990, que resuelve en el sentido apuntado, desestimando el recurso del Colegio de Farmacéuticos. La cuestión planteada es si procede acceder a la solicitud de certificación municipal acreditativa del número de habitantes del núcleo determinado por el solicitante, requerida por el Colegio de Farmacéuticos para la autorización de apertura de farmacia, en vista que el Ayuntamiento de Valladolid ha denegado la certificación porque «no existe documento alguno en el que conste el dato solicitado, pues el padrón de habitantes, único que permite acreditar cifras de población, no contiene el cómputo de los habitantes del núcleo interesado, al no coincidir con las divisiones establecidas oficialmente». La Sentencia rechaza la pretensión planteada por el solicitante de la certificación. Argumenta, por una parte, que «no es el certificado reflejo de una situación de hecho que pueda hacerse constar por el fedatario sin necesidad de realizar otras operaciones, de manera que lo solicitado excede de las propias funciones del funcionario». Por otra, analizando el derecho a la información establecido en la Constitución y demás disposiciones legales, entiende: 1º, que tal derecho «se satisface mediante la expedición de certificados que reflejen datos objetivos que puedan ser constatados mediante simple comprobación o cotejo realizado por el fedatario por fotocopia o copia de datos que consten en los libros de registro de las oficinas de la Administración» –y cita del art. 207 ROF–, por lo que en tal sentido no ha sido quebrantado; 2º, que el tema planteado se ha de encuadrar en una institución diferente, el de las prestaciones administrativas, considerando, al respecto, que el derecho de los ciudadanos a obtener prestaciones de la Administración y posteriores servicios públicos establecidos en la Constitución (Capítulo III del Título I) no se concretan en obligaciones determinadas de la Administración ni en derechos subjetivos del ciudadano en orden a tales prestaciones sino más bien se hacen en ella exclusivamente determinados fines del Estado social de Derecho (artículo 1)», es decir – añade– «sobre la Administración pesan, pues, deberes genéricos, no verdaderas obligaciones en sentido estricto, deberes para cuyo cumplimiento se entiende que goza de una amplia discrecionalidad».

El anterior ejemplo sirve para mostrar cómo no es correcto certificar cuando el documento no resulta adecuado para obtener los datos de los que se solicita la certificación.

4. Expresión práctica en la certificación

En función de los diversos supuestos que acabamos de mencionar, tras la palabra «certifico», se deberá describir el documento del que se certifica y las circunstancias relevantes que concurren en él, a fin de informar al destinatario de cuanto contribuya a su conocimiento y al del contenido que se reproduce.

Así, por ejemplo, cuando sin haberse redactado el borrador del acta se certifica de un acuerdo tal como consta en la diligencia puesta por el actuario en el expediente, se dirá: «CERTIFICO: Que el Ayuntamiento Pleno, en la sesión ordinaria celebrada el día........., adoptó el acuerdo transcrito a continuación, según resulta de la diligencia autorizada en el expediente por el Secretario actuante en la referida sesión, sin que se haya redactado el borrador del acta ni aprobado la misma, por lo que esta certificación se expide a reserva del resultado de la aprobación del acta correspondiente:...».

D. EL DOCUMENTO COMO OBJETO INDIRECTO Y PRINCIPAL DE LA CERTIFICACIÓN DOCUMENTAL

1. Observaciones de carácter general

Al referirnos a la competencia material del secretario ya hemos visto con detalle la reglamentación aplicable, desprendiéndose de ella que el objeto principal de las certificaciones encomendadas a dicho funcionario es el documento, salvo muy contadas excepciones.

La diferencia entre documentos simples y complejos tiene relevancia teórica y práctica en la expedición de certificaciones, en particular si se trata de copias certificadas, porque éstas no deben fraccionar su objeto ni referirse a la parte como si fuera el todo.

La certificación de documentos complejos debe procurar, en su caso, la descripción exacta de la parte de la que se extrae la reproducción certificada.

Entre ellos, en la actuación administrativa, tienen gran importancia los *expedientes*. En ellos se incluyen originales y copias, acaso de documentos públicos notariales, registrales y judiciales, o de diarios oficiales.

Puede acontecer que la copia certificada del expediente, o bien conculca la prohibición del artículo 276.6 LPAC sobre expedición de copias auténticas, o bien queda incompleta[21]. Además, suele soslayar la expresión de lo que a su vez son copias (a veces simples), así como algunos datos relevantes indicativos de la autenticidad y originalidad y de la veracidad del contenido de alguna parte, o que hagan dudar sobre ellos. Lo correcto es advertir de tales circunstancias en la declaración certificada, tal como hemos dicho renglones más arriba al tratar del objeto directo o inmediato de la certificación.

Especial interés reviste hoy en día el *documento electrónico,* de cuya regulación nos ocupamos después en epígrafe dedicado a la administración electrónica, que ha recibido un impulso extraordinario del legislador en a partir de la ley de régimen jurídico del sectro público y de la que establece las reglas comunes a las que se deben someter el procedimiento administrativo.

---

21 Ante la disyuntiva creemos acertado reproducir íntegramente el expediente, como un todo, dando a la prohibición legal una interpretación estricta, referida a las copias de documentos simples de carácter notarial, registral y judicial, o de diarios oficiales.

2. Requisitos del documento para ser objeto de certificación

a. Autenticidad

1) AUTENTICIDAD REFERIDA A LA AUTORÍA

Según el Diccionario de la Real Academia de la Lengua, autenticidad es la calidad de auténtico, que en una de sus acepciones significa «acreditado de cierto y positivo por los caracteres, requisitos o circunstancias que en ello concurren». Una firma es auténtica si corresponde a quien se dice su autor, contraponiéndose a la firma falsa o falsificada. La autenticidad referida a la autoría de un documento significa, en dicho sentido, sea público y privado, que su autor expresado es verdaderamente quien lo ha autorizado, circunstancia que se presume cuando es admitido, aceptado o reconocido. Lo contrario es el documento falso. Lo diferente es el documento del que no consta su autor. Es la autoría verdadera la que concede autenticidad a un documento. Este es el sentido con el que utilizamos aquí el término[22]. Naturalmente, la apariencia de autenticidad es mayor cuando el documento queda revestido de formalidades que contribuyen a esa acreditación cierta y positiva a la que se refiere la acepción académica antes apuntada.

Pero no es una condición indispensable del objeto de la certificación. Puede ésta referirse a un documento cuyo autor se desconoce. También cabe certificar de un

---

22 Sin embargo, el concepto auténtico y sus derivados autenticidad y autenticar o autentificar se utilizan frecuentemente para designar el documento que hace fe pública o la actividad de autorizar, legalizar o dar fe de algo.

documento cuya falsedad esté reconocida, siempre que se advierta de ella. Por supuesto, el funcionario que expide la certificación no puede juzgar la autenticidad del documento, si bien debe describir los detalles y circunstancias que permiten apreciarla y valorarla. Es el destinario quien, en caso de duda, podrá cuestionar su autenticidad.

2) AUTENTICIDAD DEL CONTENIDO DEL DOCUMENTO

2.1) Expedientes y registros

Para certificar de expedientes es necesario que se hallen correctamente formados, tal como se deduce del artículo 164 del ROF, lo que implica, por consiguiente: comprender el conjunto ordenado de documentos y actuaciones que sirven de antecedente y fundamento a la resolución administrativa, así como las diligencias encaminadas a ejecutarla; y tener sus hojas útiles rubricadas y foliadas por el funcionario encargado de su tramitación.

La introducción de las modernas tecnologías, que permiten soportes electrónicos, no debe servir de pretexto para incumplir esas reglas de buena práctica, que garantizan el cumplimiento del precepto constitucional de haberse seguido, en cada caso, el procedimiento administrativo establecido por las leyes.

Lo mismo debe advertirse de los registros, pues si no se garantiza su mantenimiento e integridad, las certificaciones de su contenido no serán posibles.

2.2) La aprobación

Es frecuente que deba certificarse haciendo constar que determinado documento es el aprobado por el órgano competente de la entidad, sea el alcalde o presidente, sea el pleno o la junta de gobierno.

Esto exige que el documento haya sido autenticado, mediante la oportuna diligencia, por el secretario. Tal diligencia deberá hacer constar en la primera o última página del documento, con la firma del fedatario, su aprobación por el órgano de que se trate, expresando la fecha del acto o acuerdo aprobatorio y diciendo el número de páginas o folios útiles debidamente numerados, sellados con el sello de la entidad y rubricados por el propio fedatario.

En algunos casos, como ordenanzas y reglamentos, su publicación en boletines oficiales añade un dato más a la autenticidad del documento aprobado.

b. Veracidad

El funcionario autor de la certificación asegura o acredita la veracidad de sus declaraciones, pero no puede asegurar la del contenido de su declaración de conocimiento, en tanto reproduzca una manifestación, un hecho o un acto que no es debido a él mismo.

Es decir, se debe presumir que la certificación es veraz en lo que declara el fedatario, pero no necesariamente de aquello que en ella se reproduce si no es el fedatario su autor. En realidad, la veracidad del documento y de las declaraciones que contiene se ha de deducir de la autoría, y no es condición necesaria del objeto de certificación.

c. Originalidad

Abunda la idea de que debe certificarse de un documento original. Pero queremos advertir de que las nociones de *original* y *copia* como conceptos contrapuestos tienen un significado convencional. El documento que *no es copia* tiene siempre la condición de *original.* Pero una copia de un documento original, certificada o no, puede convertirse en objeto de certificación o copia, y por tanto ser «original» con respecto a estas. Así pues, en este aspecto son conceptos relativos y relacionados.

Por consiguiente, tanto un original, en el sentido propio, como una copia, pueden ser objeto de certificación, aunque lo normal sea tomar el original y, sólo en defecto de éste, admitir la copia, por este orden: copia certificada, copia auténtica en el sentido de la LPAC y copia siempre.

El autor de la certificación deberá consignar si su objeto principal es un documento original público, administrativo o privado o una copia certificada, auténtica o simple.

d. Disponibilidad

Aunque parezca una perogrullada, la certificación documental exige la *disponibilidad del documento* por el autor de aquélla, es decir, su existencia y localización en los archivos y dependencias del ente local. Un documento existente sin localizar es como si no existiera. *No es posible expedir certificaciones documentales si el autor no dispone del documento del que ha de certificar.*

Tampoco es posible certificar que no existe un determinado documento. Conviene afirmarlo porque es frecuente la solicitud de certificaciones acreditativas de que un hecho, acto o documento no existe. También conviene advertir de que tal clase de solicitud es diferente a la de certificación negativa de la existencia de datos con relación a un determinado documento identificado y localizado.

Si hay un documento (registro, índice) que relacione ordenadamente, siguiendo un criterio o criterios determinados, la clase de hecho, acto o documento de cuya inexistencia se pide certificación y el solicitante facilita el dato apropiado para obtener la información deseada con arreglo al criterio o criterios seguidos en aquél, cabe certificar que en ese registro o índice no aparece referencia, anotación o asiento que demuestre la existencia del documento en cuestión. Pero evidentemente, en tal caso, estamos ante una certificación negativa de la existencia de datos con relación a un determinado documento de carácter registral. Pongamos un ejemplo.

Supongamos que se solicita certificación de que un edificio identificable por su emplazamiento se ha construido sin licencia municipal de obras. Este es un hecho certificable si existe un registro oficial (documento) de todas las licencias municipales concedidas, los asientos están ordenados, o tienen índices auxiliares por edificios, y estos se identifican convenientemente (v.g. núcleo de población, nombre de calle y número). En tal caso habrá de expresarse en la certificación que consultado el registro de licencias de obras, que abarca las concedidas desde tal a cual fecha, no aparece que se diera licencia entre esas fechas para construir edificio alguno en el núcleo, la calle y el número que se citan. Es decir, entonces certificaríamos lo resultante de un registro, que por ser un documento, permite la certificación documental. En conclusión, si no existe dicho registro, solo sería factible afirmar que la posee un edificio determinado si aparece el acuerdo o expediente y, en caso contrario, no sería correcto certificar que carece de licencia.

e. Perceptibilidad

La posibilidad de acceso no es suficiente para expedir certificación de un documento, siendo imprescindible así mismo que sea *perceptible,* en el sentido de que se pueda comprender o conocer.

El problema se plantea con el documento electrónico, cada vez más frecuente en el ámbito de las Administraciones públicas, por lo que más adelante le dedicaremos atención especial. Digamos aquí que siendo necesarios instrumentos técnicos, tanto para su elaboración como para su reproducción perceptible, la fiabilidad de los resultados depende de la confianza que ofrezcan, de manera que el funcionario certificante debe de remitirse a ellos.

f. Posibilidad de reproducción

Es evidente que la *posibilidad de reproducción* es un requisito más del documento, necesario para certificar de él, sea escritura, imagen o sonido. Del mismo modo que respecto a la perceptibilidad, ha de cumplirse a veces mediante operaciones que exceden del conocimiento exigible al funcionario certificante o de los medios técnicos a su alcance. De ello deberá dejar constancia en la certificación.

Un ejemplo de la falta de medios técnicos sería la reproducción de planos que por su tamaño exigen instrumentos de copia no existentes en la entidad local. No obstante, si en la localidad existe algún profesional o empresa que preste el servicio apropiado, cabe encargarle la copia, previo pago del coste por el solicitante interesado, *interpretando* que el traslado eventual del original al lugar donde se ha de copiar, custodiado por funcionario designado, que debe devolverlo sin dejarlo de su mano, no conculca la prohibición de que el documento *salga* de las oficinas o archivo del ente local. En tal caso, una vez cotejada la copia con el original, se pondrá en ella la diligencia de certificación.

g. Concreción del objeto en la solicitud

Es necesario que en la solicitud del interesado se concrete a qué documento se refiere y qué contenido de él desea, problema que se relaciona con la actividad de certificación, de la que más adelante nos ocuparemos.

3. La existencia de documento como presupuesto de la certificación documental

a. Sin documento no puede haber certificación documental

Ya hemos dicho que la certificación debe tener por objeto un documento, y si éste no existe aquella no es posible. Hay que insistir en lo obvio: *no es posible la certificación documental sin documento.*

Sólo si hay registros fehacientes de determinada clase de documentos se puede certificar de la existencia o no de estos, pero entonces se hace con referencia al correspondiente registro, que es una clase de documento complejo.

Tampoco cabe certificar que no es posible hallar o acreditar la existencia de un documento determinado por falta de registros o índices adecuados, porque esto no sería certificación documental, excediendo de las funciones atribuidas al secretario por la ley.

La respuesta correcta a una solicitud de certificación, cuando no existe o no se localiza el documento apropiado, es la resolución de la Alcaldía o Presidencia denegándola por tal motivo.

b. Improcedencia de crear documentos posteriores a la solicitud de certificación para poder certificar de ellos

Hay que añadir algo elemental: el documento ha de existir con anterioridad a la solicitud de la certificación. Sin embargo, una práctica viciosa, que debe desterrarse, consiste en elaborar un documento con posterioridad a la demanda de certificación –frecuentemente de la policía municipal o de un técnico– y a continuación expedir esta con base a dicho documento.

La certificación, en tanto que instrumento al servicio de la *prueba documental,* dentro de un determinado procedimiento, sea administrativo o judicial, tiene por finalidad llevar a presencia de un órgano decisorio la reproducción fiel del documento. Por ello, su significado preciso y correcto sólo cabe referirlo a los supuestos en que su objeto es el documento que se trata de dar a conocer, a menos que se convierta indebidamente en la expresión formal de una *prueba de carácter testifical o pericial,* o que encubra la utilización procesal o procedimental de tales medios probatorios, soslayando el cumplimiento de los requisitos exigidos para su práctica. Así pues, en dichos casos sólo se puede facilitar al solicitante, si así lo estima pertinente el presidente o alcalde, *informe* del servicio correspondiente, que no tendrá el carácter de prueba documental.

La certificación con relación a un informe posterior a la solicitud, si no explica claramente de qué se certifica, puede constituir un fraude, pues convierte indebidamente el informe (prueba pericial o testifical) en prueba documental fehaciente.

c. Sobre la disponibilidad del documento

Reiteramos aquí la necesidad del requisito relativo a la disponibilidad del documento objeto de la certificación, añadiendo que son frecuentes las solicitudes de certificaciones que no facilitan la información adecuada para su identificación y localización, limitándose a pedir que se certifique de ciertos hechos y datos sin especificar los antecedentes ni las circunstancias que pueden contribuir a identificarlos y localizarlos. En tales circunstancias sólo es posible realizar conjeturas sobre dónde pudiera hallarse, e iniciar una búsqueda insegura, laboriosa, larga y costosa, que no constituye una prestación obligatoria de la Administración y que, en todo caso, no es tarea propia del funcionario certificante.

Por consiguiente, como hemos dicho antes, en dicho supuesto no procede acceder a la solicitud.

4. Problemas de custodia e idoneidad del documento

Debemos diferenciar las certificaciones de documentos que están en poder o bajo la custodia del secretario y las de aquellos en los que no concurre ninguna de las dos circunstancias, las cuales denominamos *testimonios,* tal como en su lugar hemos anticipado.

En poder del secretario se hallan los archivados y custodiados en las dependencias a su cargo, sobre las que ejerce jefatura directa, y, en su caso, los que existan en unidades que la Corporación haya puesto bajo su jefatura al extender sus funciones conforma a lo autorizado en el artículo 166 del TRRL.

Bajo su custodia están los que se hallan en la entidad local cuando así lo dispone una norma de rango legal o reglamentario, entre las que figuran las propias de la entidad. Así sucede, por ejemplo, con los Libros de Actas (art. 203 ROF), el Registro de Intereses, el Inventario de Bienes y, en su caso, el Registro de Convenios (arts. 30.1 ROF y 3.2.k) RDFHN), cuya custodia corresponde al secretario.

Pero la mayoría de los documentos de la entidad no se hallan en poder ni bajo la custodia del secretario. Hemos mencionado cómo la reforma de la Ley Reguladora de las Bases del Régimen Local de 1985 separó de la secretaría los servicios jurídico-administrativos y, por consiguiente, de la jefatura del secretario. La antigua jefatura de este sobre todos los servicios quedó también suprimida a partir del desarrollo de la Ley de Bases del Estatuto de Régimen Local aprobado por Real Decreto 3046/1977, de 6 de octubre, pues desde entonces el secretario sería coordinador de todos los servicios, título del que también lo privó la reforma de 1985. De tal modo, cuantos documentos de la entidad se encuentran en esas dependencias y servicios quedan, en su mayor parte, fuera del poder o custodia del funcionario competente para expedir certificaciones de ellos.

Para empeorar las cosas, sucede a menudo que los supuestos *documentos* adolecen de defectos que los hacen inservibles para poder certificar de ellos. Citaremos algún ejemplo, que en nuestra experiencia práctica hemos sufrido.

En los negociados de personal o administración de personal ha sido frecuente la ausencia de registros y hojas de servicios, así como la formación de expedientes personales con rigor y pulcritud, debidamente foliados y rubricados por el responsable de la unidad, en los que figuren los nombramientos, posesiones, excedencias, permisos, ascensos, etc. del personal. Incluso hemos observado que alguno de esos negociados de personal se ha desentendido, en favor de servicios finalistas de la entidad, con relación al personal contratado en régimen laboral por dichos servicios, que dirigidos por concejales y empleados carentes de formación todavía empeoran la gestión administrativa del personal, añadiendo deficiencias a la ya improcedente dispersión que conlleva. De tal forma, la frecuente solicitud de certificaciones de servicios de los empleados encuentra obstáculos insalvables por la inexistencia de datos fehacientes.

Otro ejemplo lo proporcionan los expedientes que, haciendo tabla rasa de las normas reglamentarias que regulan su formación, se convierten de hecho en una carpetilla donde se acumulan sin orden ni concierto papeles de distinto signo, sin poder afirmar que «están todos los que son y son todos los que están». Certificar de ellos, en su condición de expedientes, es imposible.

Por consiguiente, es una anomalía, en tales supuestos, la forma en que las vigentes disposiciones reglamentarias sobre las certificaciones siguen regulando la materia.

La incongruente normativa da lugar a problemas que sólo una interpretación acorde con las modificaciones legales puede resolver, pues de otro modo convierten al secretario en responsable aparente de los impedimentos con los que tropezará el solicitante de una certificación cuando su petición no es atendible por falta o defecto del documento apto para ello.

La denegación, en tal caso, debe disponerla el presidente o alcalde, señalando el motivo: inexistencia de documento apto para ser objeto de certificación. De no ser así, una solución sería que el secretario certifique, expresando que lo hace acatando orden del presidente o alcalde y haciendo constar los extremos pertinentes para que el destinatario pueda valorar la autenticidad y veracidad del documento de que se certifica.

E. Contenido de la certificación

El contenido de la certificación debe incluir la referencia al autor, a las circunstancias del documento del que se certifica y a las declaraciones del autor (de certeza y de conocimiento).

En determinados supuestos, las leyes y reglamentos exigen la expresión en la certificación de ciertos datos e información, disponiendo a veces que se acompañen a la misma determinados documentos.

Ejemplos significativos son los dos siguientes.

Los entes locales deben inscribir en el Registro de la Propiedad sus bienes inmuebles y derechos reales, mediante certificación expedida por secretario, con el visto bueno del alcalde o presidente, referida al inventario aprobado por la respectiva Corporación, tal como disponenen los artículos 85 TRRL, 36 RBEL, y 36.1 y 37 LPAP. Pues bien, dicha certificación ha de contener los datos e información y acompañar los documentos previstos en la Ley Hipotecaria y su Reglamento. Cuando se trata de la inmatriculación, han de tenerse en cuenta principalmente el artículo 206 de la ley y el 303 de su reglamento.

Otro supuesto es el de las certificaciones para acompañar a la solicitud de inscripción en el Registro de Entidades Locales, que deben formular las existentes y las de nueva creación. Para ello, las certificaciones deben ajustarse a lo dispuesto en el Real Decreto 382/1986, de 10 de febrero, por el que se creó dicho Registro en el Ministerio de Administración Territorial, Dirección General de Administración Local, organizándolo y regulando su funcionamiento, y en la la Orden de 3 de junio de 1986, que lo desarrolló.

Así pues, de conformidad con el artículo 3 del Real Decreto, y el 3.º y 10 de la Orden citada, habrá de adjuntarse a la solicitud –que ha de utilizar el impreso oficial, diseñado para su posterior proceso informático– la documentación exigida en cada caso. Para ello, el secretario deberá: librar certificación del acuerdo constitutivo, en el supuesto de entidades de nueva creación, o del concerniente a la modificación de cualesquiera de los datos de la entidad local, si este es el motivo de la inscripción, y autenticar los datos que constan en la solicitud de inscripción mediante certificación extendida en la parte superior del reverso de aquélla.

F. ACTIVIDAD DE CERTIFICACIÓN

La actividad de certificación responde al cómo, cuándo y dónde se produce, y por qué. Todas ellas tendrán su expresión en el texto de la certificación.

Debe seguirse el procedimiento legalmente establecido. Las normas del procedimiento serán las que se prescriben en la LPAC y el ROF, y acaso en las ordenanzas y reglamentos de la entidad.

Distinguimos actos previos o preparatorios, que terminan con la resolución; acto de certificación, que ejecuta, en su caso, la resolución ordenando su expedición, y actos posteriores.

Las actuaciones previas se regulan, aunque imprecisa y escuetamente, en el ROF, del que se deduce lo siguiente:

–Se atribuye a la Oficina de Información de la entidad la canalización de toda la información que debe proporcionar ésta en virtud de los dispuesto en el artículo 69.1 de la Ley 7/1985, de 2 de abril (art. 230.1). Ha de entenderse incluida en esa información la obtención de copias y certificaciones de los actos y documentos accesibles a los ciudadanos con arreglo a las leyes, además de las que cita expresamente (copias y certificaciones acreditativas de acuerdos municipales o antecedentes de los mismos).

–Las copias y certificaciones se solicitarán a la citada oficina, la cual realizará las gestiones que sean precisas para que el solicitante las obtenga en el plazo más breve posible y sin que ello suponga entorpecimiento de las tareas de los servicios municipales (art. 230.2).

–Las peticiones deberán ser razonadas, salvo que se refieran a la obtención de certificaciones de acuerdos o resoluciones mediante el abono de la tasa correspondiente (art. 230.3).

En el procedimiento deberá acreditarse la existencia y disponibilidad del documento y que éste cumple los requisitos necesarios para poder expedir la certificación o el testimonio correspondiente.

Para ello, la Oficina de Información, a la que corresponde la instrucción del procedimiento, deberá localizar el documento, de acuerdo con las indicaciones del solicitante, poniéndose en contacto, si es preciso, con las unidades que pueden tenerlo en sus archivos.

A continuación, el modo lógico de proceder deberá ser el siguiente: En el caso de que el documento esté en la Secretaría o bajo custodia del secretario, la citada oficina habrá de pedirle su informe sobre si dicho documento cumple los requisitos para ser objeto de certificación, aludidos en el epígrafe III.D.2. De estar en otro lugar, deberá proponer a la Alcaldía o Presidencia que ordene su traslado a Secretaría con objeto de que informe acerca de dichos aspectos. Acto seguido, La Secretaría remitirá su informe a la Oficina de Información, reteniendo, en su caso, el documento, hasta que se le comunique la resolución adoptada. En vista de dicho informe, la Oficina de Información propondrá a la Alcaldía o Presidencia de la entidad la resolución, que pondrá fin al procedimiento. Si se estima la solicitud del intresado la resolución ordenará al secretario que libre la correspondiente certificación o testimonio, y si la deniega lo comunicará a la Secretaría, que devolverá, en su caso, a la unidad de procedencia, el documento recibido.

La *ejecución de la orden* comprende la preparación de la certificación, con el cotejo correspondiente; la firma del funcionario certificante, que la perfecciona; la del alcalde o presidente, que le añade la legitimación prevista reglamentariamente; y el sello de la entidad, que es un requisito de forma ordenado reglamentariamente, lo mismo que el reintegro, en su caso, si existiere (art. 205 ROF).

Si la certificación se libra sin orden previa incurre en causa de nulidad, tanto si se entiende que su falta priva al funcionario de competencia para expedir una certificación, como si se considera defecto de forma sustancial, salvo que preceda mandato judicial directo o habilitación legal.

Entre las *actuaciones posteriores* figura el envío de la certificación o testimonio a la Oficina de Información; la notificación por la Oficina de Información al interesado de la resolución; y la entrega o remisión a este, en su caso, de la certificación o testimonio, previo el registro de salida y, en su caso, el pago de las tasas procedentes.

III. PARTICULARIDADES DE ALGUNAS CERTIFICACIONES

A. Certificaciones electrónicas.

1. Observación previa

No examinaremos aquí los certificados electrónicos que conforme a lo dispuesto en la legislación corresponde expedir a un prestador de servicios de certificación, sino las certificaciones electrónicas de los secretarios y las de estos si tienen por objeto documentos electrónicos.

Pero antes conviene referir algunas nociones y reglas básicas del lo que se denomina administración eloectrónica en nuestro ordenamiento jurídico.

Todas inducen a pensar que las certificaciones documentales tendrán por objeto un creciente número de documentos electrónicos; pero no sólo eso, sino que, además, muchas de ellas serán electrónicas, se firmarán electrónicamente o se facilitarán por medios electrónicos.

2. El uso de la electrónica en la Administración y en sus relaciones con los ciudadanos

Las leyes 39/2015, de 1 de octubre, del Procedimiento Administrativo Común de las Administraciones Públicas (LPAC) y 40/2015, de 1 de octubre, de Régimen Jurídico del Sector Público (LRJSP) dieron un impulso extraordinario al uso de los medios electrónicos en las Administraciones públicas y en sus relaciones con los ciudadanos.

La primera amplió el uso obligatorio de los medios electrónicos en la actividad de las Administraciones públicas: para la emisión de documentos por las Administraciones Públicas (art. 26.1), la producción de actos administrativos (art. 36.1), la formación de los expedientes (art. 70.2), la ralización de todos los trámites del procedimiento (art. 71.1), los actos de instrucción (art. 75.1), la emisión de informes (art. 80.2) y la resolución del procedimiento (art. 88.4). Así mismo, dispuso el almacenamiento de todos ellos, más los que ocasionan las relaciones de los ciudadanos con la Administración, creando registros y archivos, como el de apoderamientos, obligatorio en el Estado, las Comunidades Auttónomas y los entes locales (art. 6), el Registro Electrónico General (art. 16) y el archivo electrónico único de documentos electrónicos que corresponden a procedimientos finalizados (art. 17). Y en su disposición adicional segunda, previó la adhesión voluntaria de las Comunidades Autónmas y entidades locales a las plataformas y registros regulados en ella, señalando que la no adhesión «deberá justificarse en términos de eficiencia conforme al artículo 7 de la Ley Orgánica 2/2012, de 27 de abril, de Estabilidad Presupuestaria y Sostenibilidad Financiera», si bien permitiendo que estas Administraciones mantengan sus propios registros cuando puedan prestar servicio de modo más eficiente, siempre que garanticen el cumplimiento del Esquema Nacional de Interoperabilidad, el Esquema Nacional de Seguridad, y sus normas técnicas de desarrollo.

La segunda, contiene preceptos que también introducen los medios electrónicos, en particular con relación a los órganos colegiados (arts. 17 y 18), y crea, para el funcionamiento del sector público, la sede lectrónica (art. 38), el portal de Internet (art. 39), los sistemas de identificación de las Administraciones Públicas (art. 40), la actuación administrativa normalizada (art. 41), los sistemas de firma para la actuación administrativa automatizada (art. 42), la firma electrónica del personal al servicio de las

Administraciones Públicas (art. 43), el intercambio electrónico de datos en entornos cerrados de comunicación (art. 44), el aseguramiento e interoperabilidad de la firma electrónica (art. 45), el archivo electrónico de documentos (art. 46) y la ubicación de los sistemas de información y comunicación para el registro de datos (art. 46 bis). En su disposición adicional vigesimoprimera precisa que «las disposiciones previstas en esta Ley relativas a los órganos colegiados no serán de aplicación a los órganos Colegiados del Gobierno de la Nación, los órganos colegiados de Gobierno de las Comunidades Autónomas y los órganos colegiados de gobierno de las Entidades Locales», pero en la segunda ordena su adaptación en el plazo de tres años.

En lo que sigue detallaremos algunas de estas normas, y citaremos otras disposiciones específicas de la administración electrónica, en tanto inciden en nuestra materia por garantizar la identificación del autor del documento electrónico y asegurar el acceso, integridad, disponibilidad, autenticidad, confidencialidad, trazabilidad y conservación de los datos, informaciones y servicios.

3. El documento electrónico

Cada vez adquiere más importancia en las Administraciones públicas –y en el sector privado– el documento electrónico.

La LPAC establece la regla general de que «las Administraciones Públicas emitirán los documentos administrativos por escrito, a través de medios electrónicos, a menos que su naturaleza exija otra forma más adecuada de expresión y constancia», tras señalar que se entiende por documentos públicos administrativos los válidamente emitidos por sus órganos (art. 26.1).

Los requisitos para su validez se enumeran en el artículo 26.2 LPAC:

a) Contener información de cualquier naturaleza archivada en un soporte electrónico según un formato determinado susceptible de identificación y tratamiento diferenciado.

b) Disponer de los datos de identificación que permitan su individualización, sin perjuicio de su posible incorporación a un expediente electrónico.

c) Incorporar una referencia temporal del momento en que han sido emitidos.

d) Incorporar los metadatos mínimos exigidos[23].

e) Incorporar las firmas electrónicas que correspondan de acuerdo con lo previsto en la normativa aplicable.

Añade: «se considerarán válidos los documentos electrónicos, que cumpliendo estos requisitos, sean trasladados a un tercero a través de medios electrónicos».

También se dice en su párrafo 3:

No requerirán de firma electrónica, los documentos electrónicos emitidos por las Administraciones Públicas que se publiquen con carácter meramente informativo, así como aquellos que no formen parte de un expediente administrativo. En todo caso, será necesario identificar el origen de estos documentos.

---

23 En el art. 42 del Real Decreto 1671/2009, de 6 de noviembre, por el que se desarrolla parcialmente la Ley 11/2007, de 22 de junio, de acceso electrónico de los ciudadanos a los servicios públicos, se regula la asociación de los metadatos a los documentos electrónicos, y en un punto 1 se da el concepto de metadato en estos términos: «Se entiende como metadato, a los efectos de este real decreto, cualquier tipo de información en forma electrónica asociada a los documentos electrónicos, de carácter instrumental e independiente de su contenido, destinada al conocimiento inmediato y automatizable de alguna de sus características, con la finalidad de garantizar la disponibilidad, el acceso, la conservación y la interoperabilidad del propio documento».

Las Normas Técnicas de Interoperatibilidad de Documento Electrónico (NTIDE), aprobadas por Resolución de 19 de julio de 2011, de la Secretaría de Estado para la Función Pública, precisan el concepto de documento electrónico y otros de carácter técnico con él relacionados. De la *Guía de aplicación de la Norma Técnica de Interoperabilidad,* 2ª edición electrónica, publicada en el Portal Administración Electrónica (PAe), anotamos las siguientes:

–El *documento electrónico* es «información de cualquier naturaleza en forma electrónica, archivada en un soporte electrónico según un formato determinado, y susceptible de identificación y tratamiento diferenciado» (4.1-20); por tanto, es el objeto digital administrativo que contiene la información objeto (datos y firma) y los datos asociados (metadatos) (4.1-23).

–En *su forma más común y simple* está compuesto por un solo fichero de información, un conjunto de metadatos más, y en su caso, una o varias firmas electrónicas (4.1.-27).

–Cabe contemplar la existencia de otras *estructuras de documentos eléctrónicos más compleja,* en atención a necesidades específicas, que podrían incluir varios ficheros de información (por ejemplo, un fichero de texto y un fichero de imagen), varias firmas asociadas y varios conjuntos de metadatos vinculados a cada fichero individual (4.1-28).

–En todo caso, la suma de estos componentes constituye un único objeto eléctronico (4.1-29).

–Por lo tanto, una *definición de documento electrónico más general* podría hacer referencia a *conjunto de ficheros* como: la suma de uno o varios ficheros contenido, uno a varios ficheros de firmas asociadas a dicho contenido, así como las estructuras de datos asociados a dicha información que albergan metadatos en un determinado sistema de gestión documental, siendo a su vez posible que todo este conjunto de componentes sea encapsulado en otra estructura o fichero contenedor, de cara por ejemplo a facilitar los intercambios (4.1-30).

– Debe distinguirse este tipo de documentos de las *agrupaciones documentales* (series, fondos, agregaciones, etc.), que suelen generarse atendiendo a vínculos archivísticos (relaciones funcionales o procedimentales) y que están formados por documentos, no por componentes, en el sentido anterior, por lo que permiten el tratamiento y gestión de cada uno de ellos de forma independiente. El tratamiento de estas agrupaciones se realizaría según lo establecido en la *NTI de Expediente Electrónico*.

4. El expediente electrónico

La Ley 11/2007, de 22 de junio, de acceso electrónico de los ciudadanos a los Servicios Públicos dispone en su artículo 32:

1. El expediente electrónico es el conjunto de documentos electrónicos correspondientes a un procedimiento administrativo, cualquiera que sea el tipo de información que contengan.

2. El foliado de los expedientes electrónicos se llevará a cabo mediante un índice electrónico, firmado por la Administración, órgano o entidad actuante, según proceda. Este índice garantizará la integridad del expediente electrónico y permitirá su recuperación siempre que sea preciso, siendo admisible que un mismo documento forme parte de distintos expedientes electrónicos.

3. La remisión de expedientes podrá ser sustituida a todos los efectos legales por la puesta a disposición del expediente electrónico, teniendo el interesado derecho a obtener copia del mismo.

En el artículo 52 del Real Decreto 1671/2009, de 6 de noviembre, por el que se desarrolla parcialmente la citada Ley 11/2007, de 22 de junio, se completan las disposiciones sobre la formación del expediente electrónico:

1. La formación de los expedientes electrónicos es responsabilidad del órgano que disponga la normativa de organización específica y, de no existir previsión normativa, del encargado de su tramitación.

2. Los expedientes electrónicos que deban ser objeto de remisión o puesta a disposición se formarán ajustándose a las siguientes reglas:

a) Los expedientes electrónicos dispondrán de un código que permita su identificación unívoca por cualquier órgano de la Administración en un entorno de intercambio interadministrativo.

b) El foliado de los expedientes electrónicos se llevará a cabo mediante un índice electrónico, firmado electrónicamente mediante los sistemas previstos en los artículos 18 y 19 de la Ley 11/2007, de 22 de junio, y en los términos del artículo 32.2 de la citada ley.

c) Con el fin de garantizar la interoperabilidad de los expedientes, tanto su estructura y formato como las especificaciones de los servicios de remisión y puesta a disposición se sujetarán a lo que se establezca al respecto por el Esquema Nacional de Interoperabilidad.

d) Los expedientes electrónicos estarán integrados por documentos electrónicos, que podrán formar parte de distintos expedientes, pudiendo incluir asimismo otros expedientes electrónicos si así lo requiere el procedimiento. Excepcionalmente, cuando la naturaleza o la extensión de determinados documentos a incorporar al expediente no permitan o dificulten notablemente su inclusión en el mismo conforme a los estándares y procedimientos establecidos, deberán incorporarse al índice del expediente sin perjuicio de su aportación separada.

e) Los documentos que se integran en el expediente electrónico se ajustarán al formato o formatos de larga duración, accesibles en los términos que determine el Esquema Nacional de Interoperabilidad.

5. La firma electrónica y el sello electrónico

a. Firma electrónica

La firma electrónica está destinada a las personas físicas. La Ley 59/2003, de 19 de diciembre, de firma electrónica, que trasponía a nuestro ordenamiento jurídico la derogada Directiva 1999/93/CE del Parlamento Europeo y del Consejo, de 13 de diciembre de 1999, distinguía tres tipos de firma electrónica: la general, la avanzada y la reconocida.

En el Reglamento (UE) 910/2014 del Parlamento Europeo y del Consejo de 23 de julio de 2014 relativo a la identificación electrónica y a los servicios de confianza para las transacciones electrónicas en el mercado interior y por el que se deroga la Directiva 1999/93/CE (RUE-910/2014) se definen tres clases de firma electrónica:

Firma electrónica: la constituyen «los datos en formato electrónico anejos a otros datos electrónicos o asociados de manera lógica con ellos que utiliza el firmante para firmar» (art. 3.10). Ejemplo característico es el enlace de un *usuario* con su *contraseña.*

Firma electrónica avanzada: es «la firma electrónica que cumple los requisitos contemplados en el artículo 26» (art. 3.11), a saber:

    a) estar vinculada al firmante de manera única;

    b) permitir la identificación del firmante;

    c) haber sido creada utilizando datos de creación de la firma electrónica que el firmante puede utilizar, con un alto nivel de confianza, bajo su control exclusivo, y

    d) estar vinculada con los datos firmados por la misma de modo tal que cualquier modificación ulterior de los mismos sea detectable.

Firma electrónica cualificada: según el art. 3.12) es «una firma electrónica avanzada que se crea mediante un dispositivo cualificado de creación de firmas electrónicas», concepto que completa el artículo 25.3 del mismo al referirlo a «un certificado cualificado emitido en un Estado miembro».

En su considerando 49 se puede leer: «El presente Reglamento debe establecer el principio de que no se deben denegar los efectos jurídicos de una firma electrónica por el mero hecho de ser una firma electrónica o porque no cumpla todos los requisitos de la firma electrónica cualificada. Sin embargo, corresponde a las legislaciones nacionales determinar los efectos jurídicos de las firmas electrónicas en los Estados miembros, salvo para los requisitos establecidos en el presente Reglamento según los cuales una firma electrónica cualificada debe tener el efecto jurídico equivalente a una firma manuscrita».

Eso mismo se refleja en su articulado, al regular los efectos jurídicos de las firmas electrónicas (art. 25):

1. No se denegarán efectos jurídicos ni admisibilidad como prueba en procedimientos judiciales a una firma electrónica por el mero hecho

de ser una firma electrónica o porque no cumpla los requisitos de la firma electrónica cualificada.

2. Una firma electrónica cualificada tendrá un efecto jurídico equivalente al de una firma manuscrita.

3. Una firma electrónica cualificada basada en un certificado cualificado emitido en un Estado miembro será reconocida como una firma electrónica cualificada en todos los demás Estados miembros.

Posteriormente, la Ley 6/2020, de 11 de noviembre, reguladora de determinados aspectos de los servicios electrónicos de confianza (LSEC), se refiere en su Disposición adicional primera a la fe pública y los servicios electrónicos de confianza, en los siguientes términos:

Lo dispuesto en esta Ley no sustituye ni modifica las normas que regulan las funciones que corresponden a los funcionarios que tengan legalmente atribuida la facultad de dar fe en documentos en lo que se refiere al ámbito de sus competencias.

Y en su Disposición adicional segunda, dedicada a los efectos jurídicos de los sistemas utilizados en las Administraciones públicas, establece:

Todos los sistemas de identificación, firma y sello electrónico previstos en la Ley 39/2015, de 1 de octubre, del Procedimiento Administrativo Común de las Administraciones Públicas, y en la Ley 40/2015, de 1 de octubre, de Régimen Jurídico del Sector Público, tendrán plenos efectos jurídicos.

Una ventaja de la firma electrónica es que hace innecesario en la esfera local el visto bueno del alcalde o presidente de la entidad en las certificaciones, cuando acredita que el secretario está en el *ejercicio del cargo* y que *su firma es auténtica.*.

b. Sello electrónico

En la legislación vigente, que acabamos de citar, se ha reservado el uso del sello electrónico para las personas jurídicas y los entes sin personalidad jurídica.

Hay las mismas tres clases que de firma electrónica.

El citado Reglamento de la UE 910/2014, define el *sello electrónico* así: «datos en formato electrónico anejos a otros datos en formato electrónico, o asociados de manera lógica con ellos, para garantizar el origen y la integridad de estos últimos» (art. 3.25).

El *sello electrónico avanzadao* es «un sello electrónico que cumple los requisitos contemplados en el artículo 36» (art. 3.26).

Los requisitos contemplados en el citado artículo 36 son:

«a) estar vinculado al creador del sello de manera única;

b) permitir la identificación del creador del sello;

c) haber sido creado utilizando datos de creación del sello electrónico que el creador del sello puede utilizar para la creación de un sello electrónico, con un alto nivel de confianza, bajo su control exclusivo, y

d) estar vinculado con los datos a que se refiere de modo tal que cualquier modificación ulterior de los mismos sea detectable».

El *sello electrónico cualificado* es «un sello electrónico avanzado que se crea mediante un dispositivo cualificado de creación de sellos electrónicos y que se basa en un certificado cualificado de sello electrónico» (art. 3.26).

6. Las certificaciones electrónicas y de documentos electrónicos de los secretarios de los entes locales

a. Competencia de los secretarios de las entidades locales

Las disposiciones que rigen la competencia de los órganos y titulares de las Administraciones públicas no son alteradas por las normas que regulan el uso de la electrónica, por lo que es indiscutible la competencia de los secretarios de las entidades locales para expedir las certificaciones.

La Ley 11/2007, de 22 de junio, de acceso electrónico de los ciudadanos a los Servicios Públicos, muestra dicho respeto a las normas de competencia en su artículo 33.1, principio que reconoce, igualmente, la Ley 6/2020, de 11 de noviembre, reguladora de determinados aspectos de los servicios electrónicos de confianza (LSEC), en su Disposición adicional primera, al tratar de la fe pública y los servicios electrónicos de confianza.

El RDFHN, en su disposición adicional octava, relativa al ejercicio electrónico de las funciones reservadas, dispone: «A los efectos del ejercicio en soporte electrónico de las funciones reservadas a los funcionarios regulados en el presente real decreto, los puestos a ellos reservados tendrán la consideración de órganos, sin perjuicio de lo dispuesto en el título X de la Ley 7/1985, de 2 de abril, reguladora de las Bases del Régimen Local».

b. Las copias auténticas electrónicas y en papel

Estimamos que lo dicho en LPAC sobre copias auténticas, y en las restantes normas a las que aludiremos, es aplicable, con las debidas adaptaciones, a las certificaciones objeto de nuestra atención.

Se dispone en el artículo 27.3 de dicha ley que las Administraciones Públicas para garantizar la identidad y contenido de las copias electrónicas o en papel deberán ajustarse a lo previsto en el Esquema Nacional de Interoperabilidad, el Esquema Nacional de Seguridad y sus normas técnicas de desarrollo, así como a las siguientes reglas:

a) Las *copias electrónicas* de un *documento electrónico original o de una copia electrónica auténtica,* con o sin cambio de formato, deberán incluir los metadatos que acrediten su condición de copia y que se visualicen al consultar el documento.

b) Las *copias electrónicas* de *documentos en soporte papel o en otro soporte no electrónico susceptible de digitalización,* requerirán que el documento haya sido digitalizado y deberán incluir los metadatos que acrediten su condición de copia y que se visualicen al consultar el documento. Se entiende por digitalización, el proceso tecnológico que permite convertir un documento en soporte papel o en otro soporte no electrónico en un fichero electrónico que contiene la imagen codificada, fiel e íntegra del documento.

c) Las *copias en soporte papel* de *documentos electrónicos* requerirán que en las mismas figure la condición de copia y contendrán un código generado electrónicamente u otro sistema de verificación, que permitirá contrastar la autenticidad de la copia mediante el acceso a los archivos electrónicos del órgano u Organismo público emisor.

d) Las *copias en soporte papel* de *documentos originales emitidos en dicho soporte* se proporcionarán mediante una copia auténtica en papel del documento electrónico que se encuentre en poder de la Administración o bien mediante una puesta de manifiesto electrónica conteniendo copia auténtica del documento original. A estos efectos, las Administraciones harán públicos, a través de la sede electrónica correspondiente, los códigos seguros de verificación u otro sistema de verificación utilizado.

Ese artículo, en su pto. 5, reitera que las Administraciones Públicas, cuendo expidan copias auténticas electrónicas, deberá quedar expresamente así indicado en la copia.

Finalmente, prohibe expedir dichas copias si se trata de documentos públicos notariales, registrales y judiciales, o diarios oficiales, las cuales se rigen por su legislación específica (art. 27.6 LPAC).

El Real Decreto 1671/2009, de 6 de noviembre, por el que se desarrolla parcialmente la Ley 11/2007, de 22 de junio, de acceso electrónico de los ciudadanos a los servicios públicos, en sus artículos 43, 44 y 45 completa los preceptos de la Ley.

En el aspecto técnico han de tenerse en cuenta, igualmente, los Reales Decretos 3/2010, de 8 de enero, por el que se regula el Esquema Nacional de Seguridad en el ámbito de la Administración Electrónica, y 4/2010, de 8 de enero, por el que se regula el Esquema Nacional de Interoperabilidad en el ámbito de la Administración Electrónica y sus normas técnicas de desarrollo.

El Esquema Nacional de Seguridad (ENS) está constituido por los *principios básicos y requisitos mínimos requeridos para una protección adecuada de la información.* Será aplicado por las Administraciones públicas para *asegurar el acceso, integridad, disponibilidad, autenticidad, confidencialidad, trazabilidad y conservación de los datos, informaciones y servicios utilizados en medios electrónicos que gestionen en el ejercicio de sus competencias* (art. 1.2 RD 3/2010).

El Esquema Nacional de Interoperabilidad (ENI) comprenderá los *criterios y recomendaciones de seguridad, normalización y conservación de la información, de los formatos y de las aplicaciones* que deberán ser tenidos en cuenta por las Administraciones públicas *para asegurar un adecuado nivel de interoperabilidad organizativa, semántica y técnica de los datos, informaciones y servicios que gestionen en el ejercicio de sus competencias y para evitar la discriminación a los ciudadanos por razón de su elección tecnológica* (art. 1.2 RD 4/2010).

7. Las certificaciones de documentos electrónicos con referencia a las actas y resoluciones y al Registro General de las entidades locales

a. Nota previa

La regulación de muchos documentos de los entes locales, contenida en la legislación de régimen local, como las actas y resoluciones con sus correspondientes libros y el registro general, se ha visto afectada por las leyes y disposiciones a los que acabamos de referirnos.

b. Certificaciones de actas y resoluciones

El libro de actas de las sesiones del Pleno y, en su caso, de la Junta de Gobierno, las actas de las Comisiones Informativas y el Libro de resoluciones, tal como venían regulados en la legislación local, han dado paso a su formación y archivo por medios electrónicos. En muchos casos la adaptación se ha llevado a cabo mediante normas de las Comunidades Autónomas; pero también los entes locales han podido realizarla mediante sus reglamentos orgánicos.

Las *actas de las sesiones y las de reuniones de las comisiones informativas* pueden extenderse en documento electrónico o formarse utilizando grabaciones de audio o video, añadiendo los documentos en soporte electrónico que se consideren pertinenes, formando un fichero unido a la certificación del secretario haciendo constar la «autenticidad e integridad» del mismo, que deberá sr objeto de archivo electrónico.

Las *resoluciones* de Presidencia o Alcaldía pueden documentarse del mismo modo o con firma electrónica.

De ellas y de su contenido podrán expedirse certificaciones electrónicas o en papel, tal como hemos dicho anteriormente.

Creemos conveniente, para finalizar este apartado, hacer un abservación con respecto a los *actos y acuerdos de las sociedades mercantiles locales cuyo capital social sea de titularidad pública* (art. 85.2.A), d) LBRL). La legislación de régimen local viene entendiendo que en ellas la Corporación local *se constituye* en Junta General, acomodándose, en cuanto al procedimiento y a la adopción de acuerdos, a los preceptos de la Ley y del Reglamento de Organización, funcionamiento y régimen jurídico de las Corporaciones locales (art. 92.1 RSCL). La frase alusiva de este precepto reglamentario «al procedimiento y a la adopción de acuerdos», dejaba la duda de si la *aprobación del acta de la sesión* y los *efectos de los acuerdos plenarios adoptados,* al ser actos de la Junta General de una sociedad mercantil, sujeta en lo demás al ordenamiento jurídico privado, estaban sometidos al Derecho administrativo y eran inmediatamente ejecutivos con arreglo a los artículos 51 LBRL y 39.1 LPAC.

Los registradores mercantiles entendieron que esas actas y acuerdos se regían por las normas mercantiles y exigían, para su inscripción en el Registro Mercantil, que *el acta hubiera sido aprobada conforme a las normas mercantiles,* que actualmente resume el artículo 202 TRLSC, al referirse a los acuerdos de la Junta General:

1. Todos los acuerdos sociales deberán constar en acta.

2. El acta deberá ser aprobada por la propia junta al final de la reunión o, en su defecto, y dentro del plazo de quince días, por el presidente de la junta general y dos socios interventores. uno en representación de la mayoría y otro por la minoría.

3. Los acuerdos sociales podrán ejecutarse a partir de la fecha de la aprobación del acta en la que consten.

Sin embargo, según los, esa interpretación no es sostenible desde que las leyes mercantiles (arts 12 y 15 del TELSC) disponen que en la *sociedad de capital unipersonal* el socio único *ejercerá* las competencias de la Junta General, y sus decisiones se consignarán en acta, bajo su firma o la de su representante, pudiendo ser ejecutadas y formalizadas por el propio socio o por los administradores de la sociedad.

En tal supuesto, el Pleno *no se constituye* en Junta General, sino que la entidad local *ejerce* las competencias que la legislación de sociedades atribuye a la Junta General, cosa muy diferente. Por ello, los actos y acuerdos de la sociedad deberán adoptarlos los órganos de la entidad local, sometidos a su régimen administrativo propio. Si se trata de órganos colegiados, sus acuerdos constarán en el acta de la sesión, serán aprobados de acuerdo con sus propias reglas, serán inmediatamente ejecutivos y se podrá certificar de ellos antes de la aprobación del acta a reserva de lo que resulte de ella.

c. Certificaciones del Registro General

Sobre el Registro General de los entes locales ha incidido el artículo 16 LPAC convirtiéndolo en un Registro Electrónico General. Aunque según dicho precepto se configura como registro de entrada de documentos, *permitiendo* registrar la salida de los oficiales, parece que, en las entidades locales, de acuerdo con lo dispuesto en el artículo 152 ROF, debe ser de entrada y salida de documentos.

El acceso a su contenido, según este último precepto, puede realizarse mediante consulta de los mismos en el lugar en que se encuentren custodiados o mediante la expedición de certificaciones y testimonios, formaesta que se reitera en el artículo 162, con referencia a los asientos de los Libros del Registro.

Esas certificaciones, según lo dicho, pueden ser electrónicas o en papel, y estas últimas expedirse con firma electrónica.

8. Recomendaciones

Cuando se certifique de documentos o datos electrónicos, o que se encuentren en un archivo o registro electrónico es necesario que un servicio o funcionario garantice la correcta introducción de la información, así como la posterior recuperación de la misma, y que el correcto funcionamiento del sistema electrónico lo asegure un funcionario técnico responsable del mismo, es decir, que cumple las NTI y NTS y sus normas técnicas de desarrollo.

De tal modo el cotejo de unos y otros dispensará al funcionario que certifica de las responsabilidades derivadas de cualquier error.

Además, creemos que en la certificación o copia certificada deben consignarse las circunstancias aludidas, mencionando todo lo que garantiza el contenido de lo que no puede acreditar su fe pública.

El uso de programas adquiridos por los entes locales, debidos a expertos muy preocupados por la eficacia que diseñan procedimientos y modelos, seguramente impide tomar en cuenta las precedentes recomendaciones y muchas de las observaciones, de carácter jurídico, que han quedado expuestas en este pequeño manual –no otra cosa pretende ser–; pero creo tal vez siguen siendo útiles a quienes desean cumplir sus funciones sin despreciar el Derecho.

Las certificaciones que tienen por objeto documentos de los archivos y registros informatizados –variedad de los documentos electrónicos– requieren instrumentos técnicos (ordenadores, sistemas operativos, programas, etc.) para su implantación y posterior utilización.

En tal caso, a nuestro juicio, es insuficiente mencionar en la certificación o copia certificada la condición de copia de lo que reproduce y que contenga el código u otro sistema de verificación, tal como exige el citado precepto. Debe consignarse haberse obtenido el dato o la copia de que se certifica utilizando medios técnicos y de un archivo o registro informatizado, y que el funcionario autorizante de la certificación no puede asegurar que los procedimientos seguidos para su inclusión y posterior recuperación sean correctos.

Esto plantea la necesidad de que otros funcionarios garanticen la correcta formación del archivo o registro y la posterior recuperación de sus datos e información.

El jefe del servicio que tenga a su cargo el archivo o registro, del mismo modo que cualquiera que tenga a su cargo un documento o expediente, puede acreditar que los datos introducidos son correctos (auténticos y veraces); pero el funcionamiento adecuado de los archivos, equipos y procesos informáticos debe asegurarlo el experto que los conozca y los tenga a su cargo.

B. Certificaciones del Padrón Municipal de Habitantes

Entre los registros informatizados de las entidades locales figuran hoy en día el Registro General y el Padrón Municipal de Habitantes.

Sobre el primero consta en el artículo 152 ROF que los libros o *soporte documental* del Registro no podrán salir bajo ningún pretexto de la Casa Consistorial y que el acceso a su contenido se realizará mediante consulta de los mismos en el lugar en que se encuentren custodiados o mediante la *expedición de certificaciones y testimonios*. Esta forma de acceso la reitera el reglamento en su artículo 162, diciendo que con referencia a los asientos de los Libros del Registro podrán expedirse certificaciones autorizadas por el Secretario. Hoy en día, el *soporte* documental aludido suele estar informatización.

Con respecto al Padrón Municipal de Habitantes, registro administrativo donde constan los vecinos del municipio, cuyos datos constituyen prueba de la residencia en el municipio y del domicilio habitual en el mismo, y de los cuales se expiden por el Secretario certificaciones que tienen el carácter de documento público fehaciente a todos los efectos administrativos (arts. 16 LBRL y 53 y 61 RPDT), importa destacar que su informatización fue ordenada por Ley 40/1996, de 19 de enero.

C. Certificaciones para inmatriculación de inmuebles en el Registro de la Propiedad

Con arreglo al artículo 85 LBRL, reproducido en el 36 RBEL, los entes locales deben inscribir en el Registro de la Propiedad sus bienes inmuebles y derechos reales, siendo suficiente a tal efecto la certificación que, con relación al inventario aprobado por la respectiva Corporación, expida el secretario, con el visto bueno del Alcalde o Presidente, la cual producirá iguales efectos que una escritura pública.

Ese deber enunciado por la legislación de régimen local viene a refrendar lo que ordena la Ley del Patrimonio de las Administraciones Públicas en su artículo 36.1:

Las Administraciones públicas deben inscribir en los correspondientes registros los bienes y derechos de su patrimonio, ya sean demaniales o patrimoniales, que sean susceptibles de inscripción, así como todos los actos y contratos referidos a ellos que puedan tener acceso a dichos registros. No obstante, la inscripción será potestativa para las Administraciones públicas en el caso de arrendamientos inscribibles conforme a la legislación hipotecaria.

En cuanto a la posibilidad de la certificación como título inscribible consta igualmente en el artículo 37 de esta Ley:

2. Las operaciones de agrupación, división, agregación y segregación de fincas y demás previstas en el artículo 206 de la Ley Hipotecaria de 8 de febrero de 1946 se practicarán mediante traslado de la disposición administrativa en cuya virtud se verifiquen, o mediante la certificación prevista en dicho artículo, siempre que no afecten a terceros.

3. Además del medio previsto en el artículo 208 de la Ley Hipotecaria, la certificación a que se refiere el artículo 206 de esta Ley será título válido para reanudar el tracto sucesivo interrumpido...

4. La certificación administrativa expedida por órgano competente de las Administraciones públicas será título suficiente para proceder a la cancelación o rectificación de las inscripciones a favor de la Administración pública en los siguientes supuestos: ...

Estos preceptos han de ponerse en relación con la Ley Hipotecaria y su Reglamento, que señalan el contenido de la certificación aludida y la documentación que debe acompañarse.

Nos vamos a referir sólo a la *inmatriculación* de los bienes inmuebles que carecen de título, pues lo normal es que en todos los demás supuestos se produzca la escritura notarial, aunque la citada normativa permite utilizar la misma forma para reanudar el tracto sucesivo y practicar operaciones registrales de agrupación, división, agregación, segregación, declaración de obra nueva, división horizontal, constitución de conjuntos inmobiliarios, rectificación descriptiva o cancelación, siempre que tales actos no afecten a terceros que no hubieran sido citados en el expediente, se cumplan los requisitos establecidos por la legislación sectorial y se aporte la representación gráfica catastral de la finca o representación alternativa, en los términos previstos en el artículo 10.

La norma fundamental en la materia se halla en el artículo 206 de la Ley Hipotecaria, cuyo texto dispone, literalmente, en su punto primero:

1.Las Administraciones Públicas y las entidades de Derecho público con personalidad jurídica propia vinculadas o dependientes de cualquiera de aquéllas podrán inmatricular los bienes de su titularidad, mediante la aportación de su título escrito de dominio, cuando dispongan de él, junto con certificación administrativa librada, previo informe favorable de sus servicios jurídicos, por el funcionario a cuyo cargo se encuentre la administración de los mismos, acreditativa del acto, negocio o modo de su adquisición y fecha del acuerdo del órgano competente para su inclusión en el inventario correspondiente o, *caso de no existir, fecha del acuerdo de aprobación de la última actualización del inventario de la que resulte la inclusión del inmueble objeto de la certificación con indicación de la referencia o indicador que tenga asignado en el mismo, así como de su descripción, naturaleza patrimonial o demanial y su destino en el primer caso o su eventual afectación, adscripción o reserva, en el segundo.*

Asimismo, las entidades referidas deberán aportar certificación catastral descriptiva y gráfica de la parcela o parcelas catastrales, que se corresponda con la descripción literaria y la delimitación geográfica de la finca cuya inmatriculación se solicita en la forma establecida en la letra b) del artículo 9. Solo en caso de que la finca careciese de certificación catastral descriptiva y gráfica, podrá aportarse una representación gráfica georreferenciada alternativa, la cual deberá corresponderse con la descripción literaria realizada y respetar la delimitación de los colindantes catastrales y registrales. *A la representación gráfica alternativa deberá acompañarse informe del Catastro».*

Hemos destacado en cursiva lo que hace al caso.

Por su parte, en el artículo 303 del Reglamento se detalla el contenido de la certificación, en la cue con referencia a los inventarios y documentos oficiales, y sin perjuicio de los demás extremos exigidos por la legislación administrativa aplicable, se haga constar:

Primero. - La naturaleza, situación, medida superficial, linderos denominación y número, en su caso y cargas reales de la finca que se trate de inscribir.

Segundo. - La naturaleza, valor, condiciones y cargas del derecho real inmatriculable de que se trate y las de la finca a que se refiere la regla anterior.

Tercero. - El nombre de la persona o corporación de quien se hubiere adquirido el inmueble o derecho, cuando constare.

Cuarto. - El título de adquisición o el modo como fueron adquiridos.

Quinto. - El servicio público u objeto a que estuviere destinada la finca.

Añade que la certificación debe extenderse por duplicado, en papel de sello de oficio, dejando minuta rubricada en el expediente respectivo, y que, si no pudiera hacerse constar alguna de las circunstancias mencionadas, se expresará así en la certificación, y se indicarán las que sean.

El procedimiento a seguir lo detalla el Reglamento.

D. CERTIFICACIONES PARA EL REGISTRO DE ENTIDADES LOCALES

Por Real Decreto 382/1986, de 10 de febrero, se creó en el Ministerio de Administración Territorial, Dirección General de Administración Local, el Registro de Entidades Locales, organizándolo y regulando su funcionamiento, que luego desarrolló la Orden de 3 de junio de 1986.

Todas las entidades locales deben figurar en él, y la inscripción registral ha de contener, según se trate de municipios, provincias, islas, entidades territoriales de ámbito inferior al municipio, mancomunidades de municipios y comarcas, áreas metropolitanas y otras agrupaciones de Municipios distintas de la provincia, los datos que señala para cada clase de entidad el artículo 3 del

Real Decreto, con el detalle del 3.º de la Orden citada, que en todos los casos, por regla general, comprenden denominación, entidades de ámbito territorial más amplio a la que pertenece, extensión superficial y límites, capitalidad, número de habitantes, régimen de funcionamiento común o especial u órganos de gobierno y gestión, nombre del dominio o dirección de Internet, más las competencias que les están encomendadas cuando no se deducen de las disposiciones legales.

Tanto las entidades locales existentes como las de nueva creación deben inscribirse, facilitando los datos que han de figurar en el registro, aquellas en el plazo de seis meses a contar desde la entrada en vigor del Real Decreto, y las de nueva creación en el de uno a partir de la constitución de su órgano de gobierno.

La solicitud de inscripción deberá ser suscrita por el presidente de la Entidad Local correspondiente, y dirigida a la Dirección General de Administración Local. El impreso de solicitud de inscripción será diseñado y confeccionado por la Dirección General de Administración Local para su posterior proceso informático y será facilitado a todas las Entidades Locales por dicho Centro directivo.

Los datos que según la previsión normativa hayan de figurar en la solicitud deberán ser «autenticados mediante certificación extendida a tal efecto por el Secretario de la Entidad Local de que se trate, en la parte superior del reverso del escrito de solicitud».

Las entidades de nueva creación, junto a la solicitud deberán remitir certificación del texto íntegro del acta de la reunión constitutiva.

También la modificación de cualesquiera de los datos que

deben figurar en la inscripción registral obliga a comunicarla al Registro, mediante solicitud acompañada de los documentos expresados en el artículo 10 de la Orden mencionada, entre los cuales figura «certificación del texto íntegro del acta de la sesión celebrada por la Entidad Local en la que se haya ejecutado la disposición legal, resolución del órgano competente de la Comunidad Autónoma o acuerdo corporativo por el que se hayan modificado los datos de que se trate». Además, los datos que deben figurar en la solicitud de modificación «serán autenticados mediante certificación extendida a tal efecto por el Secretario de la Entidad Local de que se trate, en la parte superior del reverso del escrito de solicitud» (art. 11 Orden citada).

Así pues, junto a la documentación exigida en cada caso, deberá el secretario librar certificación del acuerdo constitutivo, en el supuesto de entidades de nueva creación, o del concerniente a la modificación de cualesquiera de los datos de la entidad local, si este es el motivo de la inscripción, y deberá tener en cuenta esa autenticación de los datos que constan en la solicitud –utilizando el impreso oficial, diseñado para su posterior proceso informático– mediante certificación extendida en la parte superior del reverso de aquélla.

E. CERTIFICACIONES DE ACUERDOS DE SOCIEDAD MERCANTIL LOCAL PARA SU INSCRIPCIÓN EN EL REGISTRO MERCANTIL

Entre las formas de gestión directa de los servicios públicos locales figura la sociedad mercantil local, cuyo capital social sea de titularidad pública (art. 85.2.A), d) LBRL). Deberá adoptar una de las formas previstas en el texto refundido de la Ley de Sociedades de Capital aprobado por el Real Decreto Legislativo 1/2010, de 2 de julio, y se regirá íntegramente por el ordenamiento jurídico privado, salvo las materias en que le sea de aplicación la normativa presupuestaria, contable, de control financiero, de control de eficacia y contratación (art. 85 ter LBRL).

Pues bien, se dice en la propia LBRL que «los estatutos determinarán la forma de designación y el funcionamiento de la Junta General y del Consejo de Administración, así como los máximos órganos de dirección de las mismas». Da por supuesto que ha de haber una Junta General, ignorando la posibilidad de que haya un socio único, como sucede cuando el capital sea íntegramente de la entidad local que crea la sociedad, en cuyo caso no existe Junta General.

Esta circunstancia de socio único se reconoce en el ámbito mercantil a partir del Texto Refundido de la Ley de Sociedades de Capital, al referirse a la sociedad de capital unipersonal de responsabilidad limitada o anónima, pues se entiende por tal, con arreglo al art. 12 TRLSC:

a) La constituida por un único socio, sea persona natural o jurídica;

b) La constituida por dos o más socios cuando todas las participaciones o las acciones hayan pasado a ser propiedad de un único socio. Se consideran propiedad del único socio las participaciones sociales o las acciones que pertenezcan a la sociedad unipersonal.

En esas sociedades unipersonales el socio único ejercerá las competencias de la Junta General, y sus decisiones se consignarán en acta, bajo su firma o la de su representante, pudiendo ser ejecutadas y formalizadas por el propio socio o por los administradores de la sociedad (art 15 TRLSC).

Así pues, en tal supuesto, el Pleno *no se constituye* en Junta General, sino que *ejerce* las competencias que la legislación de sociedades atribuye a la Junta General, cosa muy diferente. Sus acuerdos son inmediatamente ejecutivos, y debería bastar para su inscripción en el Registro Mercantil la certificación del secretario, incluso la no documental expedida antes de aprobarse el acta de la sesión, con arreglo a lo dispuesto en el artículo 206 del Reglamento de Organización, Funcionamiento y Régimen Jurídico de las Entidades Locales, aprobado por Real Decreto 2568/1986, de 28 de noviembre.

La dicción del Reglamento de Servicios de las Corporaciones locales, sin precisión en tal aspecto, contribuyó a sembrar la confusión al indicar en su artículo 92.1:

> El funcionamiento de la Corporación constituida en Junta general de la Empresa se acomodará, en cuanto al procedimiento y a la adopción de acuerdos, a los preceptos de la Ley y del Reglamento de Organización, funcionamiento y régimen jurídico de las Corporaciones locales, aplicándose las normas reguladoras del régimen de las Sociedades anónimas en las restantes cuestiones sociales.

Por esa imprecisión, la frase alusiva «al procedimiento y a la adopción de acuerdos» no aclarando si comprende la *aprobación del acta de la sesión* y los *efectos de los acuerdos plenarios adoptados,* deja la duda de si los acuerdos adoptados, por ser actos de la Junta General, están sometidos al Derecho administrativo y son inmediatamente ejecutivos (art. 51 LBRL y 39.1 LPAC).

La nueva redacción del artículo citado de la LBRL, al remitir a la legislación de sociedades de capital y referirse a la Junta General no aclara la duda.

Esa errónea idea de que en una sociedad local con capital íntegro de la entidad –antes denominada sociedad privada municipal o provincial– el Pleno *se constituye* en Junta

General, da pie a los registradores mercantiles para entender que sus actas y acuerdos se rigen por las normas mercantiles de las sociedades anónimas o de responsabilidad limitada – desconociendo la inmediata eficacia de los acuerdos plenarios aprobados por los entes locales, antes incluso de aprobarse el acta de la sesión– motivo por el cual han venido exigiendo para su inscripción en el Registro Mercantil que *el acta haya sido aprobada conforme a las normas mercantiles.*

Estas normas relativas a los acuerdos de la Junta General se resumen en el artículo 202 TRLSC del modo siguiente:

1. Todos los acuerdos sociales deberán constar en acta.

2. El acta deberá ser aprobada por la propia junta al final de la reunión o, en su defecto, y dentro del plazo de quince días, por el presidente de la junta general y dos socios interventores, uno en representación de la mayoría y otro por la minoría.

3. Los acuerdos sociales podrán ejecutarse a partir de la fecha de la aprobación del acta en la que consten.

Así pues, si se quiere inscribir un acuerdo en el citado Registro para que tenga efectos frente a terceros inmediatamente de ser aprobado por «el Pleno constituido en Junta General», y el registrador mantiene su sujeción al ordenamiento jurídico privado, lo más práctico para evitar los retrasos que acarrearía un conflicto, aunque se trate de sociedad local mercantil unipersonal, es optar por el nombramiento de dos miembros de la corporación (considerándolos *socios,* por su pertenencia a la *Junta General),* designándolos «socios interventores» al comienzo de la sesión, uno del equipo de gobierno (mayoría) y otro de la oposición (minoría), para que «dentro del plazo de quince días», juntamente con el presidente, una vez redactado el borrador del acta lo aprueben convirtiéndolo en acta de la sesión *a efectos mercantiles.*

Seguidamente, el secretario podrá certificar del acuerdo que interese inscribir, advirtiendo de que ha sido aprobada el acta en la forma indicada *a efectos mercantiles*. Así se dará cumplimiento a lo que dispone la LSC con respecto al modo de lograr actos ejecutivos en el mundo mercantil de los registradores, sin esperar la correcta aprobación del acta. Naturalmente, el acta del pleno deberá aprobarse en la siguiente sesión, *a efectos administrativos,* propios de su naturaleza, con arreglo a lo dispuesto en la ley de régimen local y su reglamento.

Por suerte, la certificación del secretario del ente local o del secretario del Pleno no tendrá problemas para ser admitida en el Registro Mercantil, porque según la reglamentación de éste debe suscribirla el secretario del órgano con el visto bueno del presidente, es decir, del mismo modo que dispone la legislación de régimen local que venimos examinando.

F. Certificación del resultado de la exposición de anuncios en la vitrina o tablón de anuncios

Entre los cometidos que comprende la función de fe pública se mencionaba en el artículo 2 del derogado Real Decreto 1174/1987, de 18 de septiembre, en su letra i): «Disponer que en la vitrina y tablón de anuncios se fijen los que sean preceptivos, certificándose su resultado si así fuera preciso». El nuevo RDFHN, en su artículo 3.2. letra j), redacta así dicho cometido: «Disponer que se publiquen, cuando sea preceptivo, los actos y acuerdos de la Entidad Local en los medios oficiales de publicidad, en el tablón de anuncios de la misma y en la sede electrónica, certificándose o emitiéndose diligencia acreditativa de su resultado si así fuera preciso».

Hay en dicho enunciado una doble tarea encomendada al secretario de la entidad local: 1) disponer que los actos y acuerdos se publiquen, cuando sea preceptivo, entre otros medios en el tablón de anuncios y en la sede electrónica, y 2) que se certifique o emita diligencia acreditativa del resultado si así fuera preciso.

La tarea de disponer que se publiquen los actos y acuerdos en el *tablón de anuncios* y *en la sede electrónica,* requiere, en primer lugar, *conocer qué actos y acuerdos deben publicarse preceptivamente* en dichos lugares, dando por supuesto que dichos actos y acuerdos se habrán de hacer constar en edictos o anuncios o cualquier otra forma documental, apta según el caso.

Ese disponer que se publiquen habrá de ser a petición o requerimiento de quien instruya un procedimiento en el cual determinado acto o acuerdo deba preceptivamente publicarse, porque el secretario, por regla general, no tiene cometido alguno en esas materias, salvo en las relacionadas con las convocatorias de sesiones y publicación de los acuerdos adoptados.

Habrá también otros anuncios preceptivos procedentes de Administraciones y organismos oficiales ajenos a la entidad local, que llegados a esta, una vez registrados de entrada, deberán entregarse en Secretaría para ser fijados en el tablero de edictos o en la sede electrónica. Lo dispondrá el secretario *una vez los reciba* y en los términos que se solicite por aquellos.

Luego, deberá expedir certificación o poner diligencia acreditativa *de su resultado si así fuera preciso.* También esto exige interpretación, pues el uso de las expresiones *su resultado* y *si así fuera preciso* denotan conceptos indeterminados y ambiguos.

¿A qué resultado se refiere el precepto reglamentario? Lo habrá de precisar quien esté interesado y haya solicitado la publicación. Como también deberá señalar *si es preciso*.

En cualquier caso, al tratarse de certificaciones o diligencias, estas han de regirse por cuanto hemos dicho anteriormente, pero teniendo en cuenta que certificar del *resultado* de una publicación no está incluido entre los supuestos de las documentales, salvo que de dicho resultado haya registro o documento del que obtenerlo.

FORMULARIOS

AUTOR DE LA CERTIFICACIÓN, CARGO QUE DESEMPEÑA Y CON QUÉ CARÁCTER Y ENTIDAD LOCAL

La certificación suele comenzar con la expresión en mayúsculas de su autor, del cargo que desempeña y con qué carácter (titular, interino, provisional, accidental, por abstención del titular), y de la entidad local en la que presta sus servicios. De todo ello se deduce la competencia material y territorial y la aptitud legal del autor de la certificación. Así, por ejemplo:

—FULANO DE TAL Y TAL, SECRETARIO DEL AYUNTAMIENTO DE....

—FULANO DE TAL Y TAL, SECRETARIO... (interino, provisional o accidental) DEL AYUNTAMIENTO DE..............

—FULANO DE TAL Y TAL, VICESECRETARIO (u OFICIAL MAYOR, o cargo que tenga) DEL AYUNTAMIENTO DE..., EN SUSTITUCION DEL SECRETARIO GENERAL POR... (ausencia legal o reglamentaria, o abstención) DE ÉSTE,

—FULANO DE TAL Y TAL, SECRETARIO DEL PLENO DEL AYUNTAMIENTO DE...

DECLARACIONES DE CERTEZA Y CARACTERÍSTICAS DEL OBJETO

Seguidamente se hace explícita la *declaración de certeza* del autor, que caracteriza a la certificación, en mayúsculas, y, separada por dos puntos, la *declaración de conocimiento* del propio autor, mencionando las circunstancias del objeto de que certifica y del contenido de éste. Esta ha de expresar, según el caso, que lo reproducido es copia, fotocopia o xerocopia, que se refiere a la totalidad o a una parte y que es una reproducción fiel o literal, o un extracto o síntesis del contenido. Por ejemplo:

CERTIFICACIONES DE ACUERDOS PLENARIOS

—CERTIFICO: Que el Ayuntamiento Pleno en la sesión... (ordinaria, extraordinaria, extraordinaria urgente), celebrada en fecha........., adoptó el acuerdo que seguidamente se dirá, según resulta de la diligencia autorizada en el expediente por el secretario actuante en la referida sesión, sin que se haya redactado el borrador del acta ni aprobado la misma, por lo que esta certificación se expide a reserva del resultado de la aprobación del acta correspondiente.

—CERTIFICO: Que el Ayuntamiento Pleno en la sesión... (ordinaria, extraordinaria, extraordinaria urgente), en fecha........., adoptó el siguiente acuerdo, según resulta del borrador del acta de la referida sesión, sin que se haya aprobado el acta correspondiente, por lo que esta certificación se expide a reserva del resultado de dicha aprobación.

—CERTIFICO: Que el Ayuntamiento Pleno en la sesión... (ordinaria, extraordinaria, extraordinaria urgente), celebrada en fecha........., adoptó el siguiente acuerdo, según resulta del acta correspondiente, una vez aprobada:

—CERTIFICO: Que al folio... del Libro de Actas del Pleno de esta Corporación, tomo correspondiente a las sesiones celebradas..., figura el acuerdo adoptado en la sesión (ordinaria, extraordinaria o extraordinaria urgente) celebrada en fecha..., que transcrito literalmente dice así:

—CERTIFICO: Que el Ayuntamiento Pleno en la sesión celebrada el día........., adoptó el siguiente acuerdo, según aparece a los folios... del Libro de Actas correspondiente:

CERTIFICACIONES DE DOCUMENTOS

—CERTIFICO: Que a continuación se reproduce, íntegra y fielmente... (por fotocopia o mediante transcripción), el documento relativo a...., que me ha facilitado el... (departamento, servicio o negociado de...), en cuya unidad se custodia. Debe advertirse de que dicho documento... (observaciones sobre su autenticidad, carácter, posibles enmiendas, etc.).

—CERTIFICO: Que a continuación se reproducen fielmente, por fotocopia, las páginas.... del documento relativo a...., que me ha facilitado el... (departamento, servicio o negociado de...), en cuya unidad se custodia. Debe advertirse de que dicho documento... (observaciones sobre su autenticidad, carácter, posibles enmiendas, etc.) y que en lo omitido no hay nada que amplíe, restrinja o modifique lo reproducido.

—CERTIFICO: Que a continuación se reproduce íntegra y fielmente por fotocopia, el plano relativo a...., que me ha facilitado el... (departamento, servicio o negociado de...), en cuya unidad se custodia. Debe advertirse de que dicho documento... (observaciones sobre su autenticidad, carácter, posibles enmiendas, etc.).

—CERTIFICO: Que a continuación se reproduce... (por fotocopia o mediante transcripción), el expediente administrativo núm. ...., relativo a...

—CERTIFICO: Que a continuación se reproducen fielmente, por fotocopia, determinados extremos del documento relativo a...., que se archiva en esta Secretaría General a mi cargo. Debe advertirse de que dicho documento... (observaciones sobre su autenticidad, carácter, posibles enmiendas, etc.). En lo omitido no hay nada que amplíe, restrinja o modifique lo reproducido.

CERTIFICACIONES DE REGISTROS INFORMATIZADOS

—CERTIFICO: Que consultado mediante ordenador el Registro General informatizado de esta Entidad, resulta....

—CERTIFICO: Que consultado mediante ordenador el fichero informatizado del Padrón de Habitantes de este Municipio, que gestiona el... (Departamento, servicio, negociado de...), el cual dice renovado al...y actualizado con la anotación de las altas y bajas producidas hasta el momento, excluidas las del día de la fecha, aparece la persona que se indica, con la condición residencial y domicilio habitual que igualmente se expresan:

—CERTIFICO: Que del fichero informatizado del Padrón de Habitantes de este Municipio, gestionado por el... (Departamento, servicio, negociado de...), el cual dice está renovado al...y actualizado con la anotación de las altas y bajas producidas hasta el momento, excluidas las del día de la fecha, se ha obtenido mediante ordenador la copia (o los datos) que hago constar seguidamente:...

CERTIFICACIONES DE ACUERDOS CONCERNIENTES A SOCIEDADES MUNICIPALES

—C E R T I F I C O: Que el Pleno municipal, constituido en Junta General de esta Sociedad, en su sesión celebrada el día..., adoptó acuerdo que se reproduce íntegra y fielmente del acta que ha sido aprobada, a efectos mercantiles, por los cuatro interventores designados por la propia Junta en la misma sesión indicada, pero a reserva de lo que resulte de la aprobación que compete al propio órgano colegiado en sesión posterior, de conformidad con lo dispuesto en la legislación de Régimen Local:

OBSERVACIOS SOBRE LA ACTIVIDAD DE CERTIFICACIÓN

Al pie de la certificación suele hacerse constar el solicitante, la finalidad o efecto que motiva la expedición (o autoridad a la que se dirige), el alcalde o presidente que la ordena y da su visto bueno, los requisitos formales relativos al soporte de la certificación y a su autenticación mediante sello y rúbrica del certificante, lugar y fecha. A modo de ejemplo a continuación damos algunas fórmulas usuales.

—Y para que así conste y surta los oportunos efectos, a petición de..., expido y firmo la presente, de orden y con el visto bueno del Iltmo. Sr. Alcalde, en ... paginas correlativamente numeradas y selladas, y rubricadas por mí, en ...... a ..... de....... de mil novecientos....

Vº Bº

El Alcalde,

—Y para que así conste y surta efectos ante..., a petición de...,
expido y firmo la presente, de orden y con el visto bueno del Iltmo.
Sr. Alcalde, en ... folios correlativamente numerados y sellados, y
rubricados por mí, en ...... a .... de....... de mil novecientos...

V° B°

El Alcalde,

FIRMAS Y SELLOS

Han de reflejarse las firmas del funcionario que realiza el
cotejo, de quien concede el visto bueno y del fedatario.

Junto a las firmas y rúbricas se estampará el sello
correspondiente.

ÍNDICE

www.ingramcontent.com/pod-product-compliance
Lightning Source LLC
Chambersburg PA
CBHW071325220526
45468CB00001B/501